劳动经济学会会刊
智联招聘品牌所有

CHO® 首席人才官
商 业 与 管 理 评 论

（第八辑）智联招聘 主编　　　　　　　　中国财富出版社

图书在版编目（CIP）数据

首席人才官商业与管理评论.第八辑/智联招聘主编.—北京：中国财富出版社，2018.3

ISBN 978-7-5047-6624-3

I.①首… II.①智… III.①企业管理-人才-招聘-丛刊 IV.①F272.92-55

中国版本图书馆 CIP 数据核字（2018）第 060882 号

策划编辑	葛晓雯	责任编辑	葛晓雯	责任发行	敬 东
责任印制	何崇杭 石 雷	责任校对	孙丽丽	装帧设计	张 娟

出版发行	中国财富出版社	
社　　址	北京市丰台区南四环西路 188 号 5 区 20 楼	邮政编码　100070
电　　话	010-52227588 转 2048/2028（发行部）	010-52227588 转 307（总编室）
	010-68589540（读者服务部）	010-52227588 转 305（质检部）
网　　址	http://www.cfpress.com.cn	
经　　销	新华书店	
印　　刷	北京柏力行彩印有限公司	
书　　号	ISBN 978-7-5047-6624-3/F·2867	
开　　本	880mm×1230mm　1/16	版　　次　2018 年 4 月第 1 版
印　　张	7.5	印　　次　2018 年 4 月第 1 次印刷
字　　数	243 千字	定　　价　39.00 元

未来，让管理回归艺术

过去我们可以说：企业只有一项真正的资源——人。但是现在情况好像变了，还有 AI（人工智能）。

不管我们怎样疑惧、恐慌或者抵触，都无济于事。事实是，它真的来了。

2017 年"双 11"，阿里的人工智能设计师"鲁班"设计了 4 亿张海报，平均每秒 8000 张。更早的时候，日本的人工智能 HR "Brilent" 在 3.2 秒内处理了 5500 份简历。即便还没到 Nick Bostrom（牛津大学教授，人工智能思想家）所说的超人工智能时代，AI 已经表现出了人类无法比拟的工作能力。这或许是历史上第一次，人类将面对一个异质而强大的对手。

我们，将何去何从？

对于人力资源管理来说，情况可能更难堪，就像杨伟国教授在本辑《共创人力资本管理新时代》中所说的："人都没有了，还管理什么呢？"当然，哲思的表达并不代表现实的情境。但是，管理场景甚至逻辑的颠覆性改变，已是必然。

当检索简历、面试、背调、培训甚至绩效评估，都能由效率更高且更为客观理性的 AI 配合大数据可以完成的时候，HR 能做什么？也许，只有当从烦琐的工作、刻板的流程中解脱出来的时候，我们才能够更好地理解自己，理解"人力资源"的本质。

相对于 AI，我们所欠缺的，可能正是我们无法被超越的。我们没有那么精准冰冷的客观、理性，但我们能够用丰富的感性去理解各种可能性，包容多元和差异；我们没有近乎无限的运算能力，但我们能够运用智慧，更加充分、细微地去思考和运筹，从整体和统合的角度，做出更为正确的决策。更为重要的差异是，我们的行为往往是为达成一项使命，而不只是完成一个任务。

那么，从管理方法的角度看，我们必须要做的，可能就是发挥人类所长，从管理行为层面转向管理心智；从管理标准和流程转向管理体验和感受；从管理目标转向管理使命；这将是人力资源管理从技术走向艺术，并在"艺术实现"中完善人本身的重大"转捩"。

而只有到这个时候，我们才可能真正实现德鲁克所说的"管理就是传统意义上的人文艺术"，人力资源管理才真正是"人"的管理；也只有到这个时候，我们才可以骄傲地对着 AI 说："神在创造中找到他自己！"

杨洪峰

2018年3月1日

Contents 目录

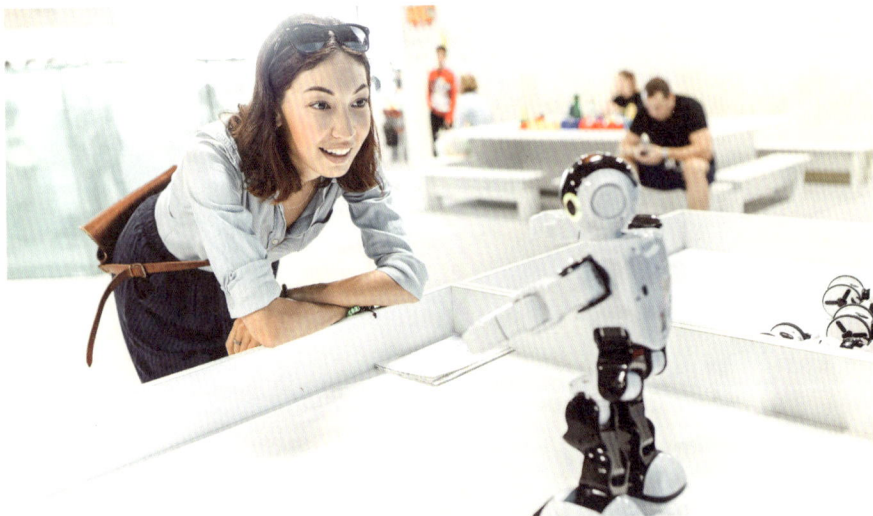

Contents

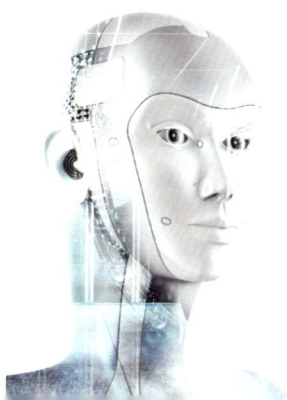

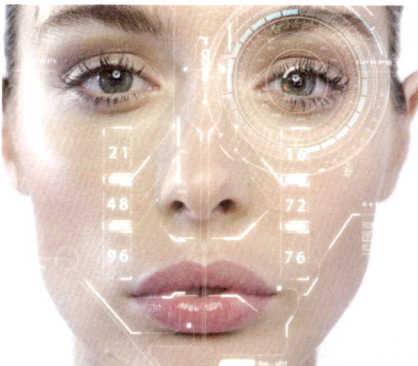

Contents

Contents

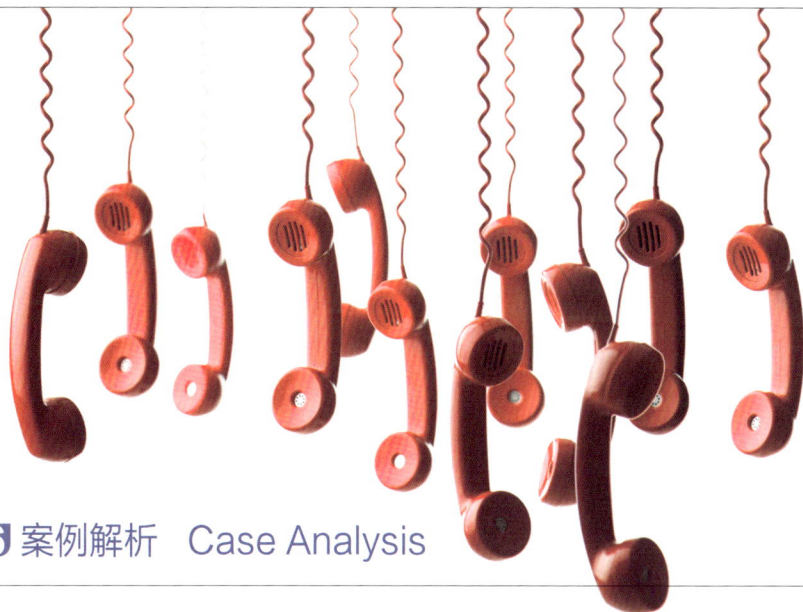

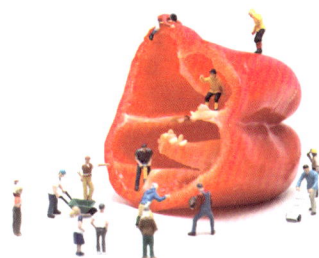

发行
王小睿

投稿邮箱
cho@zhaopin.com.cn

订阅电话
010-58692828-68337

共创人力资本管理新时代

CREATE A NEW ERA OF HUMAN CAPITAL MANAGEMENT

2018 年，不管是按照十九大报告的定义，还是依照时代和科技发展的趋势，我们都进入了一个新的时代。

杨伟国 | 中国人民大学劳动人事学院院长　劳动经济学会人力资源分会会长

一般进入新时代我们总会有一些欣喜，但我要说的是，
这个新时代却会给我们带来巨大的困惑。

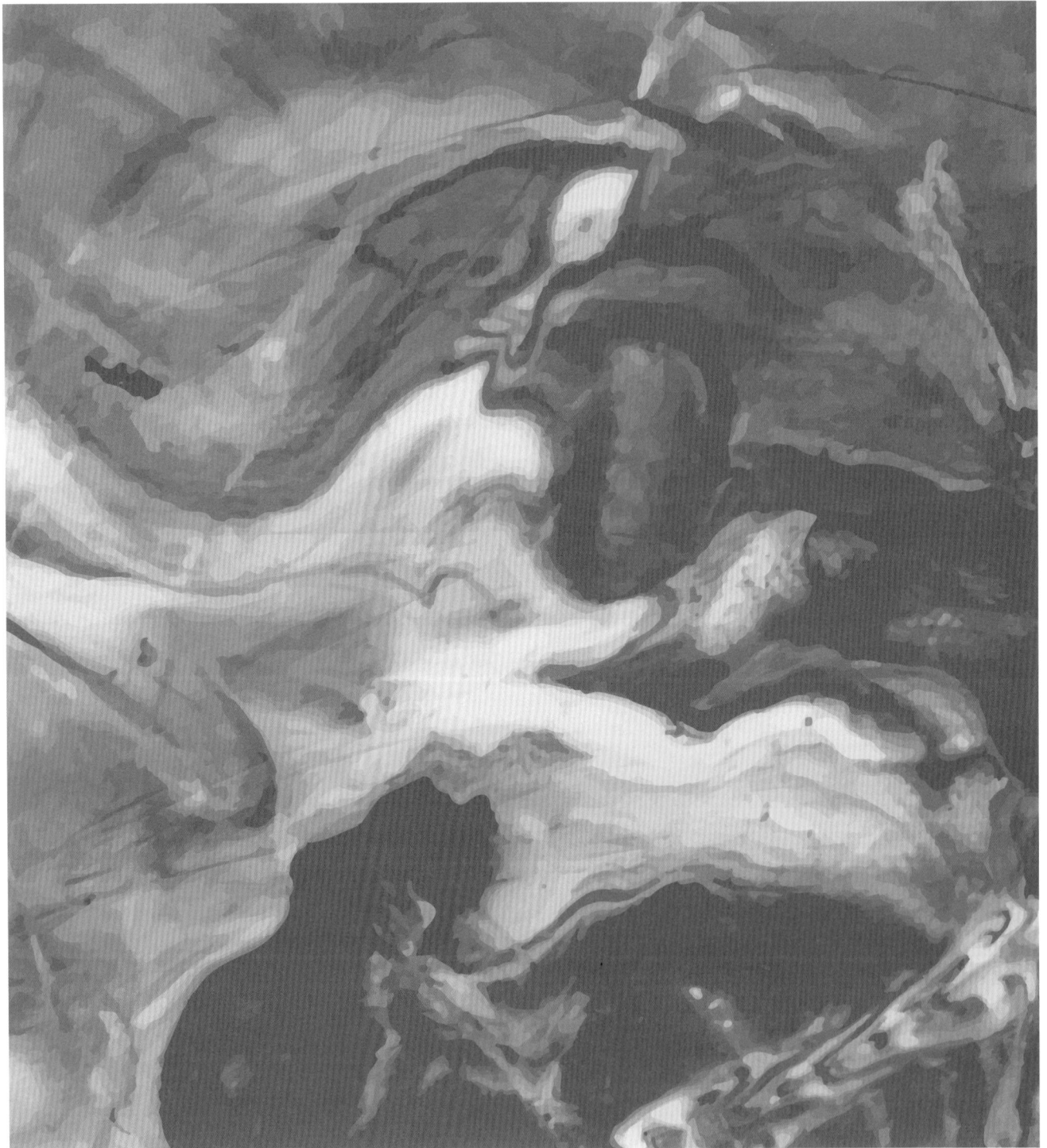

因为所有的做事方法和思维模式
都可能变得迥然不同，
而我们却不能适应它。

可以说，在很多方面我们正面临着一个
历史上最不确定的颠覆时代。
从人力资源管理的角度，
我想用四个"时代"对这种颠覆进行解读和阐释。

人力已被视作是一种重要"资本"

人力资源的资本时代

那么，人力资本时代和人力资源时代有什么不同？

我认为可以用三个基本假设来辨明这种不同。

❶ 经济性假设：在这个时代人与企业进入了共同合作共创事业的状态。

❷ 管理性假设：虽然人和企业是合作关系，仍然以员工的形态存在于组织当中，但管理方式和过去大不一样了。

❸ 社会性假设：在更高层次的工作中，人不再仅仅追求报酬，而是追求工作和生活的融合。

九大的报告中，特别值得关注的一点是首次明确提到要"在人力资本领域培育新的增长点"，这说明从国家战略的层面，人力已被视作是一种重要"资本"。那么，从人力资源到人力资本提法的变化，对于企业人力资源管理意味着什么？那就是意味着以"人力资源为第一资源"这种思维做管理的时代过去了，我们要面对新的变化。

从生产的角度讲，人作为生产力要素有三个不同的历史阶段：劳动力时代、人力资源时代和人力资本时代。目前，我们所处的人力资源时代，虽然人的产出价值已经远远大于之前的劳动力时代，但从管理方法上，无论是在高大上的写字楼里办公还是在铁矿炼铁、煤矿挖煤，并没有本质的不同，都是资源管理的思维。

但是，现在我们意识到这样一个问题：铁矿和煤矿是自然生成的，但人却不是，人需要投资才能形成人力资本，才能产生价值，并且还需要管理的介入，因此，人实际上是一种可变资本。于是，我们就又进入了一个新的重要的时代——人力资本时代。

经济活动中用人力资本来替代物质资本，这是时代发展的进步，但是由于人力资本的独特特性，对管理却带来了巨大挑战，主要表现在四大难题上。

第一是人力资本市场不完善导致匹配之难。因为用人不像买一件办公用品，只需要付款购买再按照说明书使用就行。而我们招聘一个博士，他的水平到底怎样，没有一段时间的试用是很难了解的。

第二是行为不确定导致预测之难。一个人的行为很难预测，因此也很难精确管理，而且现在管理呈现多样化的趋势，对人的管控会难上加难。

第三是需求多样性导致激励之难。人不同于物品，每个人有不同的心理需求，很难做到精准有效的激励。

第四是立法强制性导致调整之难。人力资本因为受到各种法律法规的强制性保护，调整的成本巨大。

这四大难题会导致将来企业的管理成本增高和风险加大，因此，从资本决策的角度讲，未来的人力资本管理一定是少用和精用，因为人来了以后，你仅仅支付工资还不够，还要进行资本管理，这对于目前的人力资源管理者和人力资源服务商来说都是巨大的挑战。

除了人力资本之外，还有人工智能

管理技术的颠覆时代

在人力资本决策或者管理还没有完全调整过来的时候，我们又将迎来新的变化，那就是人力资本的人工智能替代问题。也就是说，在人力资源管理变革的问题上，除了人力资本之外，还有人工智能。

这种变化也许会超乎想象。当管理场景不再是人力资源的，而是人力资本的，并且还是人工智能的，那么目前管理的前提是否还存在呢？谷歌的首席工程总监在他写的《机器之心》中预测，2099 年会出现碳基和硅基融合。融合后会出现什么情况，我们现在还不知道。但是，可以肯定的是，现在很多企业正在使用的招聘、甄选、培训等各种各样的技术，很有可能在未来五年甚至不到五年的时间内发生翻天覆地的变化。

招聘是 HR 最辛苦的工作，也是最难的工作。只要存在"招聘"活动，那就已经给公司带来了损失。因为要去招聘，说明原来的人已经走了，需要替补；要替补，中间就有岗位空隙，有岗位空隙，就有业务损失。

那么，招聘如何才能做到无缝衔接呢？亚马逊有一个专利叫"预测式出货"，就是在人们点击的瞬间公司已经把书准备好了，订货即到货，没有任何的中间时间耽搁。这个技术可以运用到招聘领域，IBM（国际商业机器公司）就是一个极好的例子。IBM 公司的员工调度中心有一个全球人力资源调度系统，公司能够在该系统中及时了解员工的工作偏好以及他工作技能的变化数据，当某一岗位空缺，或者员工有换岗的需求时，公司就会从系统中选派最合适的员工或岗位，达成员工的工作、爱好和需求之间的匹配，这样，招聘就不复存在，如果存在的话，说明工作做得还不够好。

不仅招聘，而且甄选也同样面临技术变革的影响。怎么知道一个面试者是否符合要求呢？人工智能、大数据会带来很多新的技术。例如，2016 年埃森哲的一篇文章当中提到，美国的 Jobaline 软件能利用智能语言分析测定候选人的情绪。在某些特定的行业中，控制情绪极为重要，这类技术就可以帮助我们选择合适的人。再例如，最近中国科学家采集了巨量 18 岁到 55 岁中国公民的面部特征，通过分析，得出有犯罪倾向人员的普遍性面貌特征。以后，在人工智能和大数据技术的支撑下，这一类的新技术、新工具会更多、更高级，可以帮助我们更快捷、更准确地甄选人员。

培训领域的变化可能是匪夷所思的。国家从立法层面规定了企业用于培训的费用，通常企业也会把培训作为吸引优秀候选人的策略之一，但很难说以后培训开发是否会继续存在，或者是否会被替代。教育培训是很个性化的事情，孔子在两千年前就说教育最重要的是因材

施教，但很长时间都实现不了。但现在，克里斯坦森说，慕课这样的模式能够让我们真正实现因材施教。用户什么时候注册、什么时候上线、什么时候结束、看了多长时间、看了哪些内容……都会被记录分析，成为对其精准施教的数据依据。

但这只是起点。美国的埃隆·马斯克预言：人类可能会在大脑里安置一个机器，可以上传、下载思想。如果所有的知识、技能都可以上传到脑子里，还需

不需要做培训开发呢？马斯克专门建立了一家公司来研发这样的技术，这必将对培训开发产生颠覆性的影响。

绩效考核是人所共知的难题。但是，现在阿里开发了办公工具钉钉，它可以记录员工每一个时间点上的工作情况。到年底，不需要大张旗鼓地进行专门考核，只要有个算法，结果马上生成，也就是说能够做到绩效数据的实时监测。这样的技术以后会有很多，将深刻地颠覆目前人力资源的管理模式。

组织会受影响、受冲击是一定的

组织形态的
长尾时代

在管理学当中，"革命"这个词经常出现，也显示这个领域非常不成熟，所以经常会出现"革命化"的东西。

查兰说要分拆人力资源部，尤里奇提出了三支柱模型，托马斯·斯图沃特甚至扬言"炸掉人力资源部"。虽然新兴的学说理论层出不穷，但到目前为止，全球绝大部分公司采用的仍是经典的职能制结构，所以不能简单说哪种组织形态好与不好，其好用与否完全取决于应用场景。

在人力资本和人工智能时代，组织受影响、受冲击是一定的，但是不是哪一种组织模式就一定是正确的、主流的，是必然的趋势？

这个世界如此之大，情况多元复杂。有的企业选择平台制的方式，有的企业设置了一些场景，可能是嵌入型的，也可能是托管型的、共享型的，等等。它们都有成功的案例。所以不要羡慕别人的方式，要研究自己，适合自己的才是最好的方式。

著名的组织学家达夫特说，每一种组织都是一种工具，这种工具依靠一定的条件帮助管理者使组织达到一定的状态。每个组织都要定期评估，最后调整为最佳模式。可以预见，未来在技术催动下，组织的形式将更加多元和自由，但传统的组织形式仍有很大的适用空间，组织将进入多元并存、美美与共的长尾时代。

不过，我想强调的是，在人还作为生产要素时，不管在任何组织，人都是最重要的。所以不管制度怎样，组织架构怎样，我们还是要把心思多放在人的身上。

过去很多公司管理得太糟糕了，大家认为它们会马上倒闭，但二十年之后它们还活得好好的，是什么原因？是人的原因。

人既成为资本，就要以资本的模式运营，以最小的成本获取最大的利益

管理模式的
市场时代

人既成为资本，就要以资本的模式运营，以最小的成本获取最大的利益。而组织管理外包是手段之一。根据我的初步判断，目前企业 50% 以上的人力资源工作都是外包的。HR 的任务就是找一个人力资源专业机构或专家，然后和他们沟通、提需求、监督过程、确认结果。

尤里奇说人力资源部就应该像专业服务公司那样工作，既然这样不如转变为专业的服务公司，采用平台化的方式，有人把工作的需求提交上来，有人接下任务，把工作做了。我们不关心是谁做的，甚至不关心是不是人做的。目前，美国的人才高密集机构都开始采用平台化的管理方式，对我们有很大的启发。

综上所述，既有的人力资源管理技术终将很快被新技术替代，现在的人力资源管理将会演变为工作管理，人力资源面临的挑战是："人都没有了，还管理什么？"所以，对企业来说，最重要的工作任务，可以用人来做，也可以用资本来做；可以用内部人来做，也可以用外部人来做。但无论哪种方式，都一定是在成本有效性分析之后，采用最有效的方式进行。所以，人力资源部可能终将被替代。

与此同时，我们的组织将会具有极大的灵活性，以各种形态展现，各有其存在的价值和道理。而劳动力市场和劳动雇用就业也将被人力资源市场、工作市场所替代，很多的工作将会被人工智能替代，我们的管理也会从人力资源管理走向组织个性化的人力资本管理，再走向超越组织的人力资本管理乃至工作管理。

最后，人类将面临巨大的人工智能的不确定性，这就是我们的痛苦所在。人工智能应用的速度会非常快，必将进入我们的工作场所乃至于生活场所，但到什么程度还不好把握。我相信这是我们这个时代的挑战，但也是机遇！

换一个大脑：
用量子思维重构管理新体系

——不确定的混沌时代，真正需要的是思维的革命

在大规模工业制造时代，亚当·斯密将牛顿式思维模式运用到经济学领域，创造了巨大的成功。但是在后工业时代，当今世界的不确定性、复杂性和企业本身的预测控制本能，要求企业有更加灵活的应对复杂环境的思维模式。

彭剑锋 | 中国人民大学劳动人事学院教授，博士生导师，华夏基石管理咨询集团董事长

后工业时代、知识大爆炸、人工智能替代人……当这些曾经的"未来"已来，世界已经变得越来越像是一个"液态的世界"，"所有的东西都在不断地流动，不断改变和升级，变成另外的东西"（凯文·凯利）。硬件在变成软件，有形的在变成无形的。我们这些长期在企业一线的管理研究者，常常会感到理论的捉襟见肘——用传统管理理论已越来越难以解释动态和变化，我们对实践的认识普遍滞后于实践。也许正如牛津大学教授、量子式管理提出者丹娜·左哈尔所指出的，在不确定和质变时代，我们真正需要改变的是思维。要革新我们旧的思维体系，从头改变，换一种思维看世界。

但我们的目的并不是去研究量子科学本身以及它与管理的关系。因为到目前为止，正如物理学家费恩曼所说的："我想我可以有把握地说，没有人真正理解量子力学。"但是科学家也承认，量子理论**"它很奇怪，但它是对的，而且非常重要"**。我们只是试图打破认知局限，

跳出工业时代的理论窠臼，用量子理论的基本原理和量子思维去看待后工业时代的管理问题与发展趋势。

管理新挑战：
如何基于未来看未来

今天，不确定性和破界、自组织、创新驱动一起，成为企业管理命题中的关键词。在这样的一种趋势下，无论是在企业管理实践中，还是在理论研究探讨方面，对人的认知理论，对人与社会、人与组织的关系都在发生深刻的变化。

深圳的光启科技是一家创新性的企业，在华夏基石为其提供文化和价值观管理咨询时，我们就共同遇到一个挑战：诞生于工业时代、在相对稳固的秩序下建构的组织模式和管理思维，似乎已难以支撑一家创新驱动的技术型企业在质变与不确定时代的经营与发展。

光启科技的信仰是"改变世界的创新"，追求建立颠覆式创新的生态系统。这家企业的几位创始人都是从美国回来的科学家，他们所要打造的组织，所要构建的商业模式，并没有可直接借鉴的样板。这样的一家以创新为核心

的高科技企业，应该有什么样的经营模式，有什么样的组织形态，要有什么样的人才机制？显然已经与我们起草《华为基本法》所要面对和回答的问题是完全不同的。从组织的模式到组织的结构与功能，都要进行颠覆式的创新。光启的创始人刘若鹏博士也提出来，通过制订《光启颠覆式创新操作系统》《光启基本法》，不仅是要完成对光启未来发展的系统思考与顶层设计，更是为了找到高科技企业未来的创新与人力资本的发展之道。

这样一家定位于"来自未来，改变世界"的高科技企业，我们不能再沿用过去的思维，即基于过去看未来，而是要基于未来看未来。我们在跟这些新生代科学家型企业家交流的时候，深切感受到我们自身固有思维模式的局限，发现他们的很多思想来于量子思维。比如说光启在它的"颠覆性创新系统理论"中提出了产品与市场的二象性原理，组织行为的能级最低原理、能级跃迁原理、测不准原理，提出管理的"裂变和聚变"，用互联网实现"小熵管理"，通过扁平化管理模式，减少熵增的饱和度，通过信息化管理降低熵增的速度，等等。这些表述的背后其实是一种思维的改变，即从原子思维到量子思维。

另外，笔者在带领我的几位博士深入海尔研究张瑞敏的管理思想以及他所领导的海尔管理变革案例时，发现张瑞敏先生也是一位将量子思维运用于管理实践的先行者。他提出的去中心化，去威权领导，人人都是 CEO（首席执行官），就是用量子理论强调"激活个人"，想方设法释放个体价值。他开创的"人单合一、自主经营体"及"创客"机制为员工成就自我，以及使员工从价值创造工具转化为自我驱动的价值创造主体找到了合适的土壤。而华为的任正非是国内最早用熵增、熵减的理论思考组织变革与人才激活机制的企业家。国外企业如谷歌，虽然没有明确提出量子管理学这样的概念，但谷歌的组织与管理机制则被认为是量子管理学实践的典型代表。以稻盛和夫为代表的日本企业出于对人性的理解和尊重，提出的敬天爱人的经营理念及阿米巴的组织管理模式与量子式管理的本质不谋而合。这些都说明，在实践过程中，一些敏锐而具洞察力的企业家其实已经在用量子的思维、量子的理论在指导企业的战略管理、组织建设和人才管理机制建设。

实践往往先于理论，管理学尤其如此。就如我们这么些年一直在强调的，管理就是实践，实践就是最伟大的老师。

一方面是管理实践中的变革，另一方面是管理理论的创新。其实，量子管理并不是一个全新的概念，早在 20 世纪 90 年代，牛津大学教授丹娜·左哈尔就提出量子理论和管理的关系，并出版了著作《量子领导学》，现在也出了中文译本。而国内的一些学者在 2012 年左右也发表了数篇相关的学术论文。之所以没有在国内引起广泛关注，与当时大数据、智能化等基于互联网的技术还没有现在这样深入和广泛地影响企业有关，也与学者没有为量子管理学在企业的落地提出一套体系方法论有关。

丹娜·左哈尔提出，在工业时代，支配企业经营和管理的思维是牛顿式的思维，即认为所有东西都是有迹可循的，注重定律、规则和控制，因此管理或者做事的思维方式，都能找到一些有迹可循的规律。泰勒的管理思想就属于牛顿思维，强调作业程序、标准、上级指令。

丹娜·左哈尔明确提出牛顿式思维是工业时代的产物，而量子思维是信息时代和知识文明时代的宠儿。

这些提法实际上为我们进一步去思考量子理论在企业中的运用提供了理论基础。

所以说，今天我们提出用量子思维思考质变和不确定时代的管理创新，并不是赶时髦、造概念，而是在企业的管理实践中发现，量子力学的很多理论和方法与知识文明时代的组织变革方向、公司治理的发展趋势，以及人才的发展是相契合的。这激发我们要去研究和思考量子力学理论在企业管理中的运用，尤其是在人力资源管理中的运用。

牛顿思维下，个体是一座"孤岛"

时代造就了不同的管理思维。在大规模工业制造时代，亚当·斯密将牛顿式思维模式运用到经济学领域，创造了巨大的成功。但是在后工业时代，当今世界的不确定性、复杂性和企业本身的预测控制本能，要求企业有更加灵活地应对复杂环境的思维模式。

牛顿思维支配下的管理范式有着鲜明的特征，笔者大致总结了这么六个方面。

第一，强调秩序和规则。以科层式管理和流水线为代表，组织一定要强调秩序、规则，自上而下的指挥系统，上下工序严格的节拍、节奏，通过秩序和规则才能够产生效率。

第二，强调稳态和结构，金字塔式组织即是稳态和结构的典范。

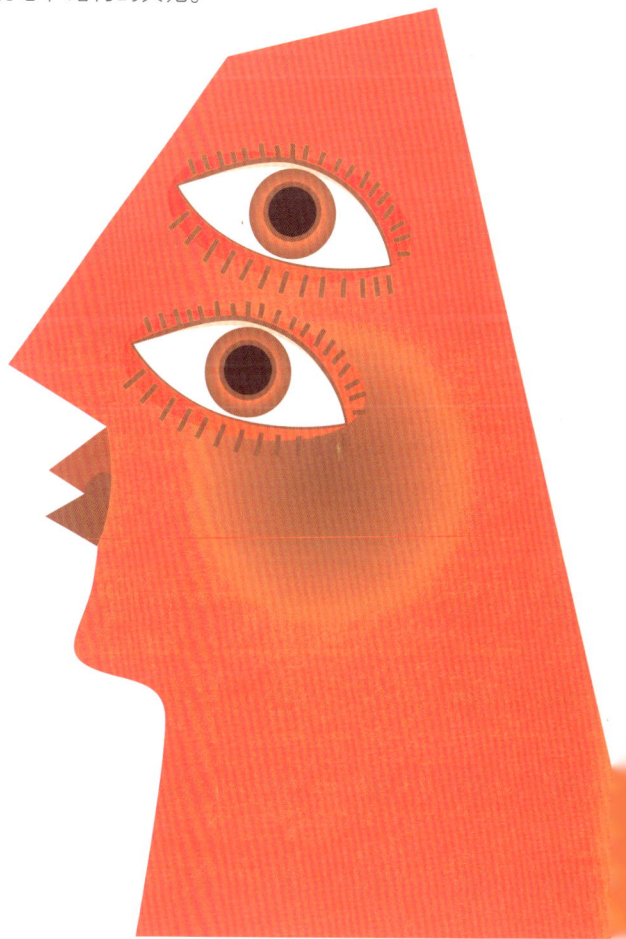

第三，强调权威和可控，崇尚权威与等级，通过严格的考核与强制淘汰进行管控。

第四，强调所有的东西都痕迹可循、有规律、有范式，管理更多是基于过去、基于范式、基于积累，这在工业文明时期是非常有效的，因为它可复制，通过可复制，通过标准化，产生更大的效益。

第五，强调边界和标准，组织是有边界的，内部和外部泾渭分明，一切管理对象都要有标准，任何事物都要可衡量，强调管理就是基于衡量，不能衡量就没有管理。

第六，强调组织纪律与服从，强调组织纪律至上，组织大于一切，个人绝对服从组织，依照上级指令去工作和协作。

而所有这些特征，笔者认为其背后的管理假设是建立在人性本恶的基础上的，强调要通过规章制度，抑制人性的弱点，来扬人的善。体现在人力资源管理上，就是严格的分工、明确的岗位职责、统一的作业程序与行为标准，强调组织要高度集权，员工要依据上级指令做事，崇尚权威等级，组织内部的运行建立在等级秩序基础上。

牛顿力学认为物体都是独立分割的，只有受到外力影响才会改变。这样的科学观进而影响着人们的世界观。在社会学的关系中，每个人都是一座"孤岛"，相互之间没有关系，不需要对他人、对社会负责。在牛顿思维下，每个个体像是一个"原子"，他们对于整个组织来说体现为有序、团结，但其实每个个体既孤立又封闭。每个人只盯着自己的上级，盯着指令和目标任务，而很少与其他个体产生交互和交换，所以个体价值、主动协同、群体智慧一直是传统组织难以实现的问题。

但是，牛顿思维已经不适应不确定环境中的创新驱动需求和组织变革需求，不符合人力资本驱动的发展趋势，更与互联网连接一切的本质特征相悖。换句话说，牛顿思维可能适合工业文明的要求，但是不一定适合知识文明和互联网时代。

在创新驱动和互联网的影响下，组织的意义在于最大限度地激发知识员工的活力，激发组织创新的动力，因此，要强调混序、破界、极简和自组织，这与牛顿思维所注重的定律、秩序、规则和控制，不可避免地产生了冲突。用旧理论难以解释新事物，所以我们可能需要换一种思维来理解组织和管理。

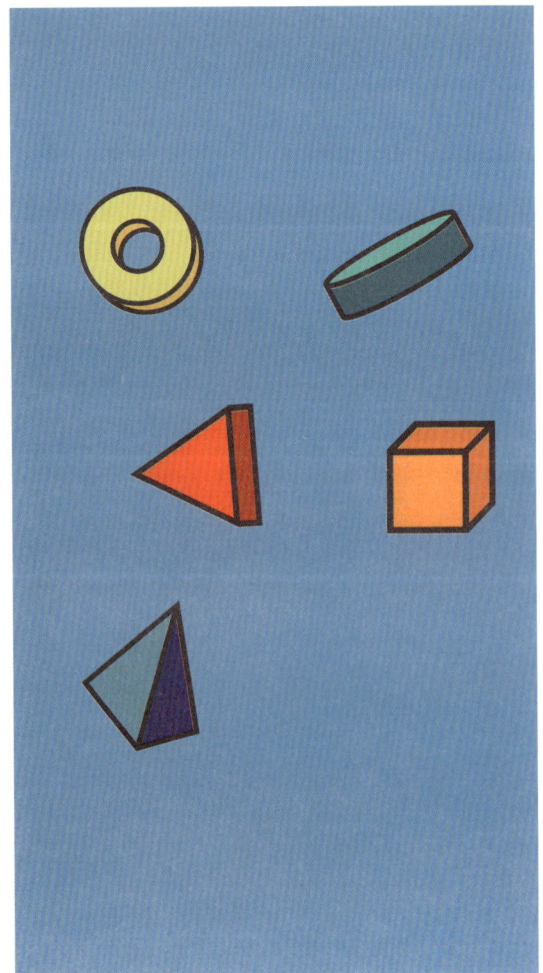

用量子思维创设管理新范式

量子管理，首先是一种思维革命，要求打破过去的牛顿力学的确定性、稳态化思维，承认世界的变化和不确定性常态，用量子思维重新看待一切，尤其是未来，可以说，它是一种站在未来看未来的思维。其次，它是在不确定环境中，重新构建管理认知体系的指导性思维。当一切不确定时，我们需要用不确定的思维重新看待企业、战略、组织和管理等。不得不承认，我不是学理科的，对量子理论的认识非常肤浅，我只能从社会科学的角度，结合自己对管理实践的感悟，认为量子管理可能会有如下十个方面的内涵。

第一，量子管理思维推崇企业持续不断地变革与创新，构建动态有序的聚变式成长组织。

牛顿力学以确定性和决定性来回答问题，量子理论则用可能性和不确定的态叠加思维来回答。受牛顿思维影响，工业时代的管理思想，通过规则和定律来固化企业的一切行为，消除了变化和不确定性。但事实上，企业原来就不是一个固定不变的堡垒，它本身就是一个动态化的有机组织。当外部环境更加变化万千，市场难以预测时，企业如何去寻求战略机会，激发企业的内在潜能，寻求新的战略成长？这要求我们承认这种动态变化，因势利导，创新激活，而不是用规则制度强制其有序和固化。

所以我们提出，不确定环境下，组织要实现动态有序和柔性发展。组织从有序到混序，再到有序，再到无序，再到混序，再到有序，循环往复，是一个能量不断增加和集聚的过程。在低能量状态下，量子有序化程度较低，当能量增加时，量子的无序也在增长，也就是熵在增加，无序也在增长。这时候量子会自动组成某种能量，并形成高度有序结构，而要打破就需要更高的能量，这就意味着无序的进一步增长。组织就是这样一种动态发展过程，是无序中的有序。

实现组织的动态有序，第一个要求不断去打破秩序，通过管理创新打破原有的秩序。但是它并不是彻底的破坏，而是建设性的破坏，即在打破原有秩序的基础上，靠集聚更高的能量来实现新的高度有序结构。所以我们讲用量子力学思维重构组织，并不是说要把过去的直线职能制结构化完全打破，完全抛弃结构化，结构产生效率，这是被工业实践所验证过的，现在并不是完全抛弃结构，只是说要通过动态有序的结构变化，改变过去过于固守结构带来的组织板结和固化。而是倡导通过动态有序产生新的结构，而新的结构又需要新的能量来打破，从而产生组织新的价值创造能力，形成新竞争能力。

企业的战略竞争力与组织管理能力恰恰来自于不断地转型、变革，积极主动地对未来进行探索。在转型变革中寻求新的结构，在组织的变革过程中，从无序到混序再到有序的循环往复过程中寻求更大的价值创造能力，形成企业新的核心竞争力。所以企业的核心竞争力源自于动态有序，而不是静态叠加。过去我们讲竞争力，追求的是不可超越、恒久不变的，而现在，核心竞争力是不断有序变化的，追求跃迁式成长。光启科技就用了量子力学中的级级跃迁原理，提出要实现能力跃迁，追求跃迁式成长，不固守相对饱和的市场和业已形成的竞争力，告别过去在一个轨道里面扩张和发展的直线性思维，而是通过在相邻产品市场轨道的开拓和创造，形成共生轨道。

这时候，企业的成长一定也不是平滑的曲线，而是跳跃式、聚变式的成长。

第二，尊重个体的价值与能量，鼓励员工的参与，强调群体智慧的力量。

在牛顿力学思维条件下，每个组织中的个体只是一个分子，一个螺丝钉，一个工具，孤立而渺小，价值有限，必须和其他的分子组合起来、借助组织才能产生能量。但是，量子理论中讲："在量子世界中，只要用正好的能量将电子踢一下，它就会立马从一个能级跳到另一个能级。这叫作量子跃迁。"用这种思维运用到管理中，就是要尊重个体的力量，尊重群体智慧的力量。渺小的个体可能也会产生无穷的力量，形成高能量个体，微小的创新可能会带来颠覆式的变革，个体力量的聚合和爆发可能会带来整个体系的量变和质变。

因此，量子管理思维提倡要尊重每个微小个体的话语权和参与权，强调群策群力。这与工业文明思维下强调企业家个人智慧、个人驱动有所不同，组织里除了企业家，员工也是主角，是价值创造源泉。这种观点与知识经济时代，人力资本越来越成为企业价值创造的主导要素相适应，符合时代发展趋势。

第三，鼓励创业者心态，个体自由创新思维，释放个体能量；机制大于管理，激活就是价值。

在强调规则、秩序和结构的牛顿思维下，每个人在组织中是固化的角色，分工明确，职责清楚，被动工作。这在一定的条件下，固然能产生效率，但同时也产生了约束，相当于给每个人画了一个圈子，不能出这个圈。但是当把个体视为量子时，就不一样了，量子是微观的物质世界，它本质上是自由和运动着的，通过不断地交流、交互集聚能量，创造价值。所以量子管理思维强调鼓励员工有创业者心态，对未来有美好预期，自我驱动，发散思维，自由创新，鼓励员工尽情发挥潜能与创意，以释放全员创新能力为目标。就像海尔的创客机制与腾讯的非核心创新机制所做的那样，帮助员工找到正确的价值观，并提供条件，鼓励每个个体创造自己的最大价值。谷歌围绕着创新使命，不拘一格鼓励个人创造。

在量子管理思维下，组织里一定是机制大于管理，整个管理的机制的核心是激活人的价值，释放各种能量，鼓励员工自由创新，强调组织的机制驱动。同时，个体权威（主要指企业所有者或塔尖上的最高领导）将不再凌驾于组织之上，而是强调通过组织内各个"能量球"的自由碰撞，释放能量，形成一种"众望所归"般的发展势能。

第四，突出精神的力量，放弃威权，管理不是权力驱动而是自我驱动、使命驱动。

过去，整个组织的运行是崇尚权威，是自上而下的，管理和被管理者之间的关系是控制、指挥、命令与服从的关系。而量子管理思维要求放弃威权，打破官兵边界，领导与被领导之间的关系转变为支持服务的关系。个人不再是组织的一个棋子，而是一个生命体，要自我驱动、使命驱动。人的精神内在的正念所产生的能量、所激发人的创造潜能是无穷的。内在的心愿、使命感决定人的成功与能量。过去强调物质力量大于一切，而世界既是由物质构成的，也是建构在想象上的。在物质极大丰裕的现在，就个体激活层面来说，某种意义上精神力量大于一切。

整个组织的驱动机制、能量的源起来自于信念，而不是来自于权威。组织的动力不是来自于领导，而是来自于基层，组织的智慧不再是自上而下，而是自下而上的，上下联动。管理的驱动机制也不再来自于指挥命令系统，而是来自于使命的驱动，来自于自我驱动。领导不是发号施令者，而是服务者，是支持者。

第五，组织是生命共同体，而不仅仅是利益共同体。

在量子理论中，没有人是孤岛，人与组织不是控制与单一利益关系，而是生命共同体与协作关系。收入与利益不再是人在组织中的唯一诉求。中国航天火箭技术研究院人

力资源部的部长王伟跟我讲，京东商城曾专门派人到他们那里去取经，包括京东商城在内的很多人向他们提出来的问题是：为什么一群收入不是很高、工作挑战却很大的人能把火箭造出来？王伟说之前他们也没有思考过这个问题，但在听了我讲课之后，他说我找到答案了，我们并不是一个利益共同体，而是命运共同体、生命共同体。我们火箭研究院的这些人是有信念、有使命感和荣誉感的一群人，我们的工作是为了国家和民族，而不仅仅是为个人和某一利益集团的。

生命共同体就是大家共存亡，因为生命首先是一个有机体，命运共同体就是共识、共担、共创、共享。当组织不再是单一的利益共同体时，人与组织之间，人和人之间就不再是控制与利益关系，而是一种自动协作，命运与共、生死与共的关系。

第六，强价值观约束而非强制度和纪律约束，推崇信用价值和信任文化。

量子思维下的管理不是不要制度约束，而是主要通过价值观约束，这其实对人是更高层次的约束，这种约束来自于心理契约，来自于人的信用价值。过去在信息不对称的环境中，一个人今天在这个企业干得不好，甚至是干了坏事儿，但换一个企业他照样干。用强纪律约束是约束不到人的价值观层面上的，所以价值观约束才是最高的约束。另外，就是更强调人的信用价值而不是唯业绩论英雄。信用是一个人职业的通行证，而且这种信用是跟你一辈子的，你要信用不好，就没

人跟你合作，没有人给你机会。所以，量子管理摒弃了过去的强控制，而更强调两个约束：一个是价值观上的约束，另一个就是信用约束。

信用建立在什么上面？建立在信任上。因为只有信任才能放权，只有讲信用才能获得信任和授权。现在企业家们有一种来自于实践的发现，他们说，如果知识型员工要跟制度流程对着干的话，再完美的制度也有缝隙可钻，也会失效。所以量子管理强调组织不是基于制度约束，而是基于信息化的信用约束。如果一个人没有信誉，不光在这个企业没机会，在整个社会都没机会。如果一个组织里没有信任文化，仅仅是基于人性恶的假设来设置制度和流程，那必然就会走向极端控制，扼杀掉量子的运动创造能量。价值观约束和信用约束是一种内约束，制度流程是外约束，我们提倡在量子管理思维下以内约束为主、外约束为辅，内外兼修。

制度控制其实会使人产生依赖和惰性，我只要按组织规定的做就好了，由组织承担其他所有的成本和风险。而信任其实是最好的控制，因为当一个人自己管自己时，他失去了依赖，反而有了自我约束、自我成长的动力。

第七，释放人性，激活个体，发挥"能量球"的关联、互动效应。

在量子管理思维看来，每一个个体都是一个量子，都是一个"能量球"。量子力学主张世界是由能量球所组成的，能量球碰撞时不会弹开，反而会融合为一，不同的能量也因此产生难以预测的组合变化，衍生出各式各样的新事物，蕴含碰上强大的潜在力量。个体与个体之间的充分连接和交互，可以会产生难以预测的创造力和灵感级的群体智慧。

在量子理论中，人的价值不可估量，人的沟通、交互价值不可估量，可以产生倍加效应、聚变效应。这要求组织首先是给员工充分的"自由度"。就像张瑞敏所说的："每个人都希望得到别人的尊重，我的任务就是创造一个环境，让大家充分发挥出个体的力量，自由组合，自由连接。"在他看来，量子管理就是要把权力下放，下放给每一个员工，放手让员工集体发挥创意，自下而上为公司注入源源不断的动力。其次是注重关联和互动，将个体蕴于关联之中，在互动和"碰撞"中升级智慧和创造力。单一个体是相互链接的，个体孕育观点，交互产生价值网，互动交流产生聚合效应，产生群体创新。

第八，量子管理思维强调利他商业模式与利他文化。

大家知道，相比牛顿的"力学三大定律"建立了人们对宏观世界的认知而言，量子力学揭示的是微观世界的奥秘。量子力学表明，基本微观粒子（如光子或电子）同时拥有粒子性与波动性，即"波粒二象性"。粒子包含振动弦的能量，振动的时候会影响周遭没在振动的弦和能量，导致弦能量的相互作用。这个视角拓展了科学家的思维，宇宙变成了非常有趣的互动式关系存在。由此，量子力学对社会学的影响是，万物是密切相关的，当每个人从私利出发，不对环境、不对社会负责，最后就会受阻。每个人都是世界的创造者，助他人者必得人相助。所以，他人的成功并非与己无关，"无关"的结果便是不方便。量子管理学提出来组织要成为生命共同体，组织和人、人和人之间不是单纯的利益关系，而是共担、共创、共享的互补和共赢关系。

在这个意义上，量子理念与东方智慧是非常接近的。而东方智慧也强调要有"利他"的价值观，强调"达人利己"，强调"厚德载物"。在互联网时代，这种价值观在企业里，第一个体现为客户价值优先，先让渡客户价值，然后才有自我价值；第二个是强调竞合关系，而非零和博弈关系；第三个是成就他人，成就客户，成就员工。当然，员工也是客户，只有让客户成功才能让组织成功。

过去很长的时期内，强调竞争、强调效率的利己主义主导的商业模式已难以持续生存。在质变和不确定时代，在量子思维和生态思维主导下，企业要持续生存发展，其商业模式一定是建立在利他的基础上，成就他人最后再成就自己，达人利己。

第九，变命令为服务，变权威为支持，拥抱多样性，做量子领导者。

用量子思维来重新认知管理时，领导者的角色自然发生了转变。传统的管理模式下，领导者像是大海中的灯塔，"神一般的存在"，站在高高的地方引导和决定着员工的方向和行为。而现在在混沌的环境中，领导这个"灯塔"本身可能也会看不清方向，也不能承担独自决策带来的组织风险，那么办？做一个量子领导者，发挥量子领导力。

量子领导者首先要做的是放弃权威，放弃高高在上的指令，而是做参与者、组织者，起模范作用，而不是权威发布中心；从前端转到后端，做服务和支持者。以共同的愿景和价值观来激发和组织人，而不是以权威和控制来支配人。信任、放权；参与、鼓励、同理心；拥抱多样性，尊重甚至珍视员工的不同点；积极、谦逊，具有强烈的使命感，这些都是量子领导者的必备素养。而笔者认为，除此之外，量子领导者最重要的素质是自我超越、勇于质疑和自我批判，有独立的思考能力，能够跳出固定的思维模式，重建框架体系，敢于面对挑战，乐于接受未来的各种可能性。简而言之，就是能够适应动态和变化，抛弃传统，大胆创新。这是一个量子领导者最重要的素质和能力。

第十，关注和满足深层的价值体验与灵性成长。

量子管理学的创始人丹娜·左哈尔提出一个"灵商"概念，强调要开发个体的"灵商"。灵商（Spiritual Intelligence Quotient, SQ）是心灵智力，即灵感智商，就是对事物本质的灵感、顿悟能力和直觉思维能力。

灵商是建立在马斯洛需求层次的第六层上的。资料显示，1959 年以后，马斯洛对东方文化的研究促使他反思自己已经创建的人性观，他发现在"自我实现"这一人性需求之上，人类天性中还有一种固有的精神维度，那就是精神的自我超越需求。马斯洛感到五层需求的层次架构不够完整，自我实现，并不能成为人的终极目标。他越来越意识到，一味强调自我实现的层次，会导向不健康的个人主义。马斯洛试着用不同的字眼来描述他新发现的人类天性中的这一最高需求，例如超个人、超越、灵性、超人性、超越自我、神秘的、有道的、超人本（不再以人类为中心，而以宇宙为中心）、天人合一等，将"高峰经验"及"高原经验"放在这一层次上。后来，精神医学家马歇尔将马斯洛需求层次第六层描述为"自我超越的需求"。丹娜·左哈尔基于马斯洛需求层次第六层而提出来的"灵商"，强调要开发员工的对事物本质的灵感，要让员工有顿悟能力和直觉思维能力。组织要激发人的创造和创新性，要追求满足人的第六个层次需求而不是第五个层次需求。第五个层次需求是"自我实现"，但是真正要激发他创新的内在动力系统，其实要满足他自我超越的需求，就是要让他有巅峰体验。

从这个角度上来说，企业的激励体系、分配体系，需要更多去关注员工的体验和物质以外的东西。这与我们提出的全面认可激励是一致的，即全面认可激励，让员工有成就感，让员工实现自我超越，有高峰体验，实现灵性成长。

以上种种，即是笔者对量子管理思维的粗浅认识，"无知者无畏"，正因为许多观点不成熟，所以才敢抛出来以期引起大家的批判和讨论。但有一点笔者是坚信不疑的：管理是实践的艺术，是创新而与时俱进的科学，在不确定时代，最需要的可能是思维的改变和理念的更新。就如一开头所说到的，固守着传统经典，用旧理论解释新时代、新变化，能自圆其说，却不能给人以启示。阻碍前进的往往不是"硬件"，而是"软件"，是思维方式，是认知局限。

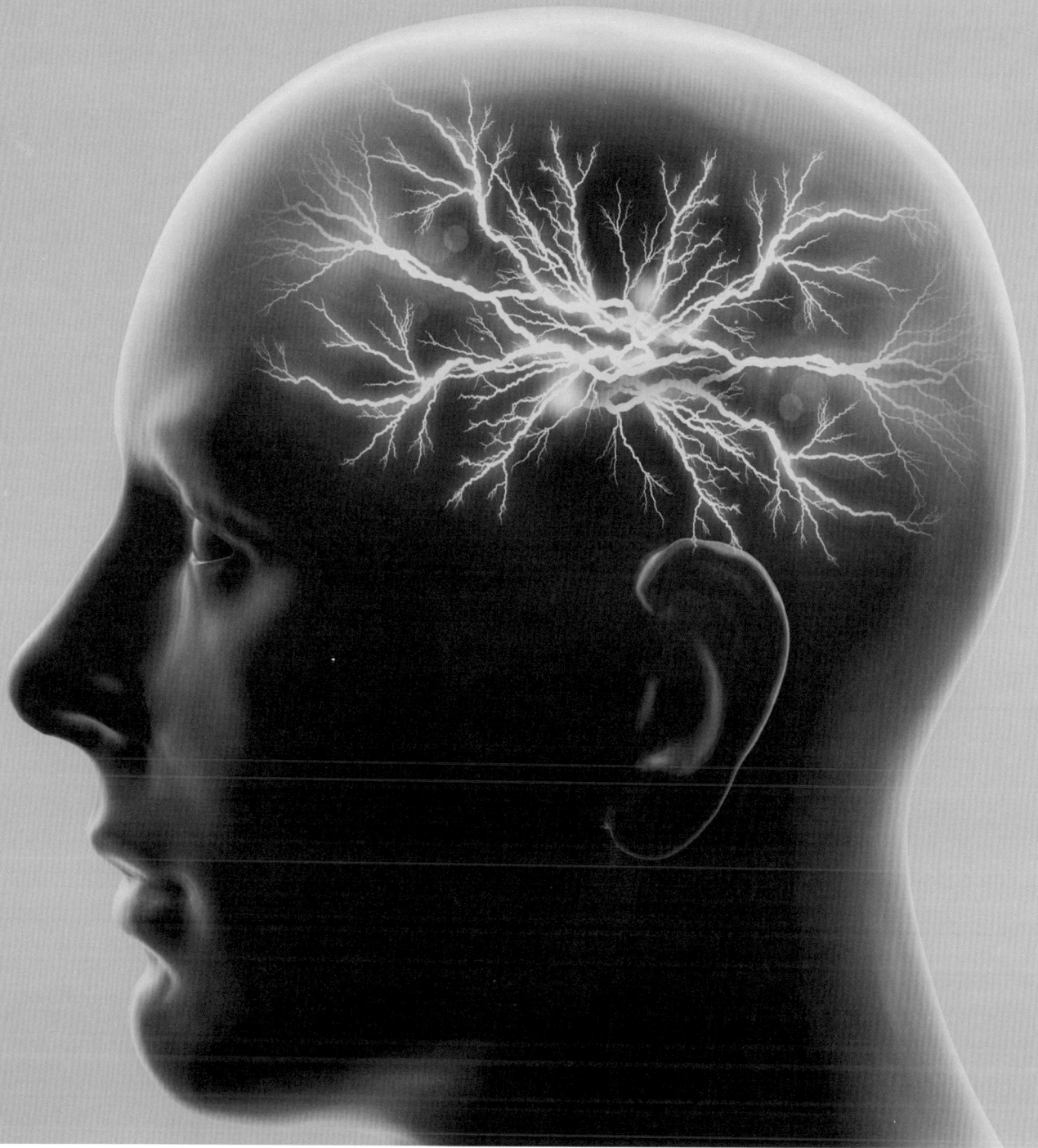

危机、变革与进化：
AI 时代的人力资源发展范式讨论

AI 在这个时代已经成为无可争议的一个"风口"，甚至是一个"现象级"的网红名词。但实际上从它的技术概念被提出到今天，已经过去了 62 年的历史。和许多有争议的新兴技术一样，它经过了半个多世纪曲折、艰难的发展和螺旋式上升后，在突破了许多政治和经济层面的限制后，终于到了可以广泛应用的阶段。

辛巍巍 | 英国 GTA 北亚区人力资源负责人

但是，新的问题出现了，
麦肯锡全球研究院近期在一份报告中预测，
2030 年全球将有近
4 亿人口的工作岗位被人工智能取代，
其中 1 亿发生在中国。
这对于人力资源行业来说，
不啻是"三千年未有之大变局"。

那么，
人力资源将如何发展？
HR 又将如何来应对？

危机：咄咄逼"人"的AI时代

我们首先应该对 AI 的发展趋势有所了解。目前，科学界通常把 AI 的发展大致分为四个阶段：兴起阶段（1956—1974 年）、初始应用阶段（1980—1990 年）、AI 生态竞争阶段（2010—2060 年）和 AI 人格化阶段（2060 年至未来），我们不幸将要面临和应对的就是后两个阶段。

在生态竞争阶段，AI 技术逐步发展成熟，并开始大规模的商业化应用，深入到社会、经济的各个层面。如同当年互联网对于传统行业的冲击一样，人工智能和行业、产业的结合也会有两种基本形态，一是"AI+ 行业"，它催生、创造出许多新的行业；二是"行业 +AI"，也就是 AI 成为传统行业的助推器或者颠覆者，引起行业的巨大变革。未来的人力资源行业即是第二种形态：人力资源 +AI。AI 结合大数据给人力资源行业带来的变革，将远大于"互联网 +"时代所带来的变革。

AI 的人格化阶段是否真的会到来，我们现在还不能百分之百确定。我觉得这要取决于两个方面：第一，我们的技术发展有没有可能使 AI 完全模拟人的情感，拥有健全的人格？人类复杂的情感、心理和人格，都是出生以来在不同的家庭、社会和文化环境的熏陶及培养下，经过漫长的时间形成的。每一个人的情感和人格都是其过去所有经历和历史的总和，甚至也是人类集体的文明和意识的总和。从工业线上下来的机器人能不能够在这方面完全模拟人类，是个很大的问号。

第二，我们能不能接受机器人格化之后对于人类伦理和人文科学的巨大挑战？也就是我们是否准备好了同机器平等相待，共享人权？因为机器人格化的直接后果就是它们会挑战今天人类所有的社会契约，会要求重新制定与人类共处于世的一切准则，要求同等的权利和义务，这在今天还是不可想象的禁区。但是如果真的到了那一天，我相信 AI 可以完全取代 HR 的工作，人类也许将面临在许多领域被 AI 替代的命运。

也是基于这样的危机感，美国的 IEEE（最权威电气工程师协会）提出了 AI 发展三原则：一是人权最高；二是 AI 的发展应该服务于人类发展和自然环境的最大利益；三是人工智能的研究应该被定义为一个社会技术系统，但是事情发展是否会如人所愿，我们拭目以待。

SWOT

如果我们做一下 SWOT 分析的话，会发现人工智能相比于人类优势非常明显。

1. 人工智能首先在体力上完全超越人类。它可以 24 小时连续工作，不需要休假，不会请假，没有边际效率递减，甚至也不会犯错。

2. 因为它不是人，没有拟人化的人格，所以不会像马斯洛需求层次理论那样，提出发展、晋升、加薪等一系列人类才会提出的需求，对于雇主来说，这是人类无可比拟的优势。

变局：五个方向和四种角色

同样，在智力和技术领域，人工智能的优势也非常突出，它可以替代任何标准化的、重复性的企业级工作，会使 HR 的各个模块发生巨大的乃至颠覆性的变化，以下我们逐一分析。

（一）传统招聘受到彻底冲击

我们都知道招聘分为三个部分：简历筛选、初步面试和初步背景调查。在简历筛选方面，日本的猎头行业已经研发出一个叫 Brilent 的机器人，它能够做到在 3.2 秒内处理 5500 份简历，这是人类无论如何无法比拟的。

面试方面，五年前我就在海外体验过人机交互的面试场景，当时觉得非常新鲜和好奇。相信经过这些年的发展，技术上应该已接近成熟，将来由人工智能全面取代企业初等岗位或者大面积的面试，应该是水到渠成的事。

在背景调查方面，现在阿里巴巴的芝麻信用正在建立每个人在金融领域的信用档案，一些招聘第三方公司也在建立个人的职场信用档案。不久的将来，当人工智能和这些公司的信用大数据连接的时候，企业可以非常迅速地做初步的背景调查，大大降低用工分析成本。总之，从招聘环节我们可以断言的是，人工智能的介入将极大地减少 HR 的劳动强度，极大提升招聘效率。但是，这也意味着，企业可能将不再需要初级的 HR 岗位。

（二）人力资源共享中心将消失

之所以说人力资源共享中心，是因为现在薪酬中的 Pay Roll（工资支出）和员工关系中的"入离职"等职能已经被划分到了人力资源共享中心。而人力资源共享中心一定会被人工智能完全替代。

以我所在的公司 GTA（英国格里菲旅游集团）为例。我们的人力资源共享中心放在印度，印度中心不可能熟悉和了解全球每个国家的薪酬制度和用工政策。所以我们针对每个国家都有详细的多达 40 页的 SLA（服务协议），它会定义人力资源共享中心里发生的所有任务，从每一个步骤输入信息是什么、输出信息是什么、需要怎样的支持信息，输出人是谁、需要的响应时间是多久，等等，这些都被完整地数据化记录在 SLA 系统当中。

这些信息符合编码的条件，可以被程序员编码后运行，但是它非常地机械。当一个员工向人力资源共享中心递交信息的时候，如果输入的信息和印度员工了解的信息有任何不一致的地方，它就无法灵活处理，拒绝执行任务。实际上，因为没有弹性和灵活度，现在很多跨国公司的国际人力资源共享中心，都不能很好地进行属地化管理，而人工智能可以很好地解决这些问题。

所以，只要成本效益分析被证明是可行的，这样的人力资源共享中心完全可以被人工智能所替代。

替代之后，它还可以帮助 HR 进一步做专家中心的工作，它可以做更多的大数据分析——人工智能对人力资源的另一个优势就是数据上的。2010 年，每个 HR 都被要求：要具备数据分析的能力。那么，有人工智能之后，这句话会变成：要具备用数据分析做决策的能力，也就是将数据分析的工作完全交给人工智能处理，HR 只需基于其提供的数据分析做薪酬、招聘或者组织发展的决策即可。如此，三支柱中的 COE（专家中心）和 SSE（共享中心）都会失去存在的必要。

（三）培训实现个性化和因材施教

有的专家担心 AI 会成为培训的终结者，这种担忧有一定道理。但我认为，在机器人格化之前，AI 还不能完全替代人的培训。因为澄清培训需求，明确组织问题，问题是否能够用培训解决，这些仍然属于 HR 根据组织当中的复杂数据进行复杂决策的职能。

AI 在培训中可以做什么呢？它的长处是提供培训解决方案。我有一个案例：我的公司以前花很多钱给员工做"e-leaning"项目学习英语，结果我们发现，50% 的员工对它的使用频率少于50%，另有 20% 的员工根本没有使用过。这样的培训对公司来讲是一笔损失而不是投资。那么，为什么"e-leaning"不能吸引员工呢？很重要的原因是它没有因材施教，它是一对多的解决方案，没有实现个性化，但这一点恰是 AI 可以解决的瓶颈，也就是提供个性化的解决方案，实时互动、

实时验证学习成果等。当 AI 做到这一点时，相信培训的效果会大幅提升。

（四）人才评估更为迅速、客观和精准

在人才保留方面，AI 将在高潜人才的评估、选拔、验真和校准中发挥重要作用。虽然目前一些第三方人才评价中心能够部分实现人才的在线化、标准化测评，但对于高潜人才，很大程度上仍然要通过线下应用场景的设置，测试其应对行为和结果。AI 则可以把线下场景的测试完全搬到线上，实现人工智能和高潜人才在不同应用场景中的实时互动，并且观察他的行为，给出准确、客观的参考依据。

另外，今天的人才校准，很多时候是拍脑袋决定的。各部门的老大坐在一起，经过一番纵横捭阖和唇枪舌战之后，确定出哪些是高潜人才，哪些需要重点培养。实际上，它更多是基于主观

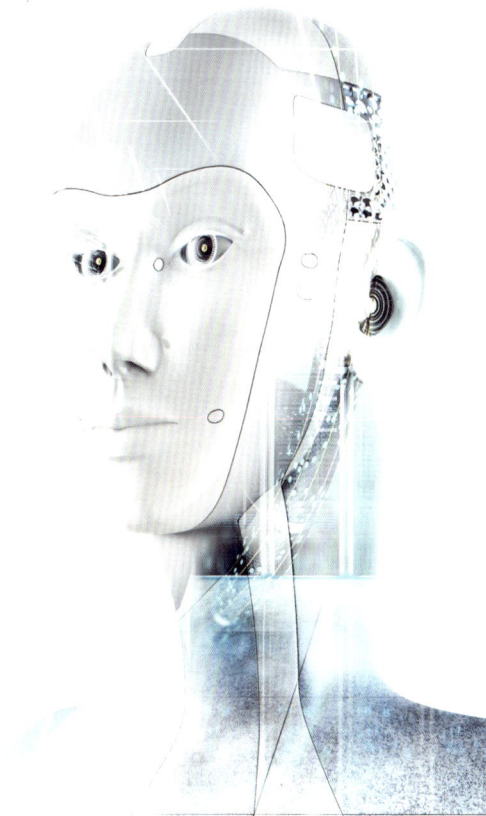

判断而缺乏客观标准。但基于大数据的人工智能系统，可以建立包括高潜人才在内所有人的信息数据库，通过比对某个人的行为、能力同某个关键岗位的胜任力数值的匹配度，从而迅速识别高潜人才，并校准其真正价值。

（五）员工关系工作成本降低

AI 将来在员工关系和激励方面也会有广泛的应用，并且可能会大幅降低成本。我举个例子，我们都知道 EAP：员工心理援助项目。但是市场上真正使用 EAP 的公司并不多，主要原因是它价格不菲。如果一家公司想对全体员工实现 7×24 小时的心理援助辅导，那将是一笔巨大的投入。但如果把 EAP 和人工智能结合起来，情况会大为不同。百度前首席科学家吴文达离开百度之后回美国创办了一家 AI 公司，已经针对初级心理援助设计出一款机器人。该机器人可以 7×24 小时工作，拥有共情技术，可以开启一个艰难的对话，也可以进行技巧化的心理突破，实现对员工实时的心理援助。目前，它已经市场化了，包月套餐是 39 美元，也就相当于我国三大运营商一两个月的手机流量套餐费用。所以，AI 的介入，会让员工关系管理、劳动关系管理、绩效激励管理、企业文化管理等工作变得更为广泛、普及和有效，而且成本不会太高。

（六）AI 并非万能

虽然以上五个方面在 AI 的介入下将发生确定无疑的变化，但至少在生态竞争阶段，在其没有人格化之前，AI 仍然不是万能的。人力资源模块中需要运用情感、智慧，需要运用高级思维处理复杂情况的一些领域，仍然离不开人的主导。

比如跨文化管理。以我的公司为例，我们会招聘很多来自各个国家的外籍员工，他们很多人是第一次到中国来。如何管理好他们，就遇到很多跨文化的难题。如果你问我 AI 能不能解决这些现实问题，我认为还不可能。在机器人格化之前，

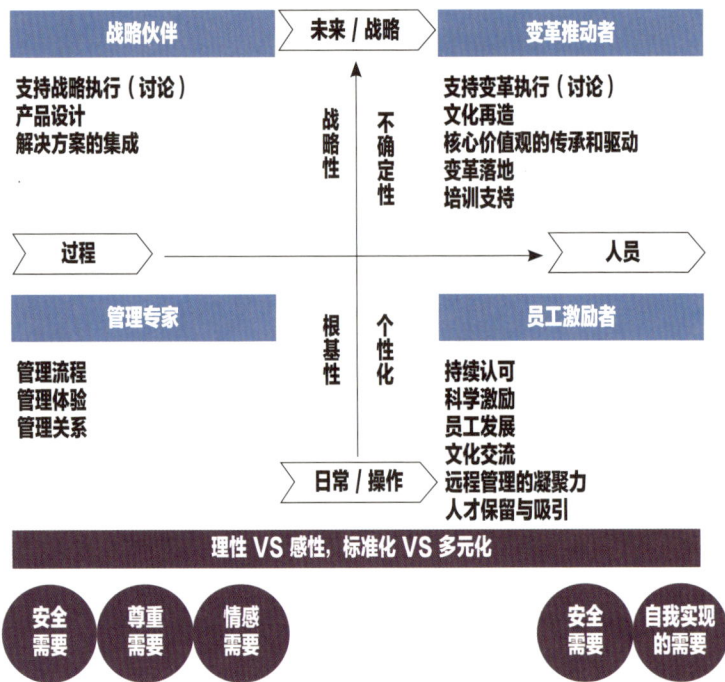

图1　AI变革时代HR的四种角色

它无法识别文化的冲突、冲撞以及人内心的困惑。仅以办理中国工作签证为例，很多外籍员工觉得难度大、不适应，引发许多心理上的困惑、焦虑、失望。我们为此配备了专门的属地化陪伴团队，比如说入职办理有一个导师，入职之后如何快速适应当地的团队，我们也会有一对一的辅导。其他如入职后的生活问题，包括怎么找当地的住宿、找当地的国际组织等，我们都会有相应的指导。并且我们也会邀请外籍员工按月度分享他们母国的文化，以增加中国雇员对外籍员工不同文化行为、文化心态的了解。我相信，这些事情，AI 一定是无法完全替代的。这是将来我们相对于 AI 的比较优势较为集中的领域。

此外，领导力发展方向，AI 在人格化之前，也不太可能起到多大作用，这一方向仍然是需要 HR 发挥人类综合优势的高级领域。如图 1 所示。

综合以上分析，我们可以总结出在人力资源的 AI 变革时代 HR 的四种角色：战略伙伴、变革推动者、管理专家和员工激励者。如图 1 所示，在这个新的时代，从纵轴上看，HR 的任务会从日常操作转

向关注未来及战略，而在管理内容的横轴上则会从过程走向人员，也就是转向个性化和多元化的管理。那么，在变革的过程中，这四个角色的出现会不会意味着 HR 传统的一些角色消亡呢？我认为不会，但重大的变化会导致比重的调整，组织里的专家角色会从管理流程走向管理体验和管理关系。管理体验可能就是从招聘任务解放出来之后去聚焦雇主品牌的可持续化发展。管理关系也可能要从过去把人作为标准的劳动力进行用工处理，以及劳动争议处理，转化为管理员工的忠诚度和满意度，这是巨大的变化。

进化：HR 的提升之路

"生存还是死亡"，这对于面临 AI 大举侵袭并将被不断挤占生存空间的 HR 来说，应该成为一个新时代的元问题。那么，在人机时代，HR 的优势究竟在哪里？我们不防用职业生涯规划中常用的能力兴趣矩阵分析一下，如图 2 所示。

能力加上兴趣，定义的就是优势。如果用这个矩阵来分析 HR 各职能岗位的情况，最劣势的就是 Q3，高能力但是低兴趣的区域，通常对应的是人力资源共享中心，因此这也是最早会被人工智能取代的区域；关键优势区域在 Q2，高兴趣、高能力，通常对应的是专家中心。未来的专家中心，仍然可以持续利用大数据带来的数据和分析优势深度学习、不停地认知迭代，执行关键决策。

对于 HR 个人来说，最重要的是应关注 Q1 发展机会。未来的发展机会来自哪里？一定是来自 HR 职能之外的不同能力的叠加，能够叠加的能力越多，被取代的机会就越小。有许多和 HR 工作相关联的领域，比如法律、市场营销、数据分析等，如果 HR 有意识地往这些方面深掘，扩展一下技术、能力、知识，叠加起来就会成为新的优势，获得新的发展机会。

当然，我认为还有三种人才是 AI 无法替代的。第一种是全能管家，他们主要是在初创型的企业和企业生命周期的初级阶段淬炼出来的。除了经验、人格、性格等非智能因素，人工智能完成全模块的工作将非常昂贵，仅从效费比的角度，也不可能用其取代全能管家。第二种是资深专家，他们通常处于企业发展的成长期和高峰期，也会出现在 COE 专家中心，他们由于掌握行业前沿的专长和知识、技能，并有自己的独特优势领域，因此难以被 AI 取代。第三种是类企业家，也就是在业务部门有过丰富的实践经验，转型到 HR 管理岗位的人群，如阿里巴巴的政委体系，这些人才也是 AI 在一定时期内无法替代的人。

如果我们把这三种人才的共性提炼出来，就会发现，他们普遍具有三种核心竞争能力：丰富的实践能力、优秀的情感能力和深度学习思考的能力。因此，如果一个 HR 想要在 AI 时代不被淘汰，并且有能力将 AI 变成工具而不是被迫成为对手，就需要在以上这些方面有意识地实践、提升，实现自身的进化。

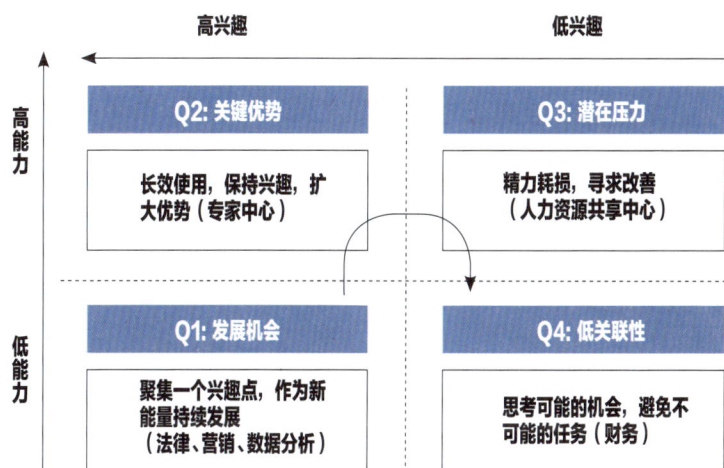

图2　能力兴趣矩阵

经验
至此剧终：
AI 时代的
人力资源管理变革

冯珺 | 中国社会科学院经济学博士，专注于新经济与新就业

61

年后的2016年，当人类棋手李世石九段与AlphaGo（阿尔法围棋）的比分定格在1:4的那一刻，科技史上的"人工智能元年"自此诞生了。

从大数据的用户画像到对冲基金的交易策略，从无人驾驶汽车到支持 28 种语言的翻译机，人工智能正在激发最美好的憧憬与期待，也在酝酿最悲观的惶恐和质疑。然而站在人力资源管理实践的角度上，这是一场有关财富创造、组织治理和人本激励的战略性、多维度的变革。我们的惶恐其实来自于，在充满不确定性的 AI（Artificial Intelligence，人工智能）时代，黑天鹅的翅膀是否会卷走经验构筑起来的人力资源管理支柱？

用深度学习的算法去发现小行星？或是通过数据挖掘在茫茫人海中跨国追捕恐怖分子？尽管口头上不愿承认，但有相当部分的直线经理和 HR（人力资源）经理还在坚信，人工智能只不过是与自己的日常工作相去甚远的"火箭科学"。然而，当反应迟缓的 HR 只

能通过微信群呼朋引伴、只求找人临时填补员工突发离职所形成的空缺时（这似乎已经达到了他们主动变革的极限），百度的 AI 引擎已经形成了相当成熟的招聘解决方案。机器算法可以根据公司与岗位的需要自动筛选优质简历，并按照人力资源经理的偏好自动完成简历的分发与分配工作。对于劳动力市场上的求职者来说，人工智能算法也可以根据候选人简历内容与相关数据为其智能推荐适合的公司与岗位。在 AI 时代，技术变革理应由科技公司引领，但拥抱人工智能的变革却不应成为科技公司的专利。

AI 和 HR 招聘的结合不仅仅体现在获取潜在求职者信息和简历的筛选上，还有很多方面能帮助招聘的质量、效率和过程体验大幅度提升。当人工智能的算法与海量数据相结合的时候，这一切都会变得美妙起来。人工智能算法可以实现包括工作描述、候选人简历以及面试官评价在内的大数据聚合，从而在整体上优化人才招聘工作的全流程。那么，人工智能辅助招聘会成为少数大公司的专享吗？恐怕恰恰相反。鉴于招聘工作所能投入的人力和预算有限，中小企业的招聘团队在通过自动化方式甄选候选人和消除偏见方面的愿望更加强烈，使用大数据和创新的 AI 面试工具也将顺理成章地成为未来人力资源管理的关键趋势。

变革不是科技公司的专利

1955 年，在洛杉矶举办的"美国西部计算机联合大会"一个不起眼的平行分会场上，28 岁的毛头小伙艾伦·纽厄尔战战兢兢地汇报了自己的一篇工作论文——探讨了模拟人类心智来让计算机下棋的可能性。

"人工智能将会把人类雇员从工作岗位上无情地驱赶下去"，这似乎是 AI 时代劳动力市场上的最大梦魇。站在组织变革的角度，思考哪些架构必须做出调整、哪些岗位终将被裁汰，是一种必要的未雨绸缪。人工智能的技术岗位恐怕是最顺理成章的护身符，数据科学家和算法工程师的职业需求和薪酬水平超越金融从业者似乎只剩下时间悬念了。但有两个问题值得商榷，并且对于人力资源管理实践具有更加普遍的意义。一个问题是，是否所有企业都有必要，同时也有条件放弃既有的组织架构，死心塌地拥抱人工智能的技术岗位？很显然，如果企业无意转型为一家技术驱动的科技公司，那么成为成熟解决方案的下游合作伙伴会是一个更好的选择。另一个问题是，倘若在组织管理者的经验维度中，从未试过与如此之多的数据科学家和算法工程师为伍，那么相关的协调工作又将如何开展才能免于成为办公室灾难？一般认为，对于技术人才的管理必须格外重视对方的自尊心和荣誉感，还要尽可能摒弃官僚作风和工作时间以外的无谓社交。如果不行，可以试试健身房的年卡和公共办公空间的绿色植物。

由于人工智能更擅长处理能够被明确定义和高度标准化的工作对象，必然有员工会寄希望转成管理岗位以保有对人工智能的职场竞争力。容易理解，人工智能对人类岗位的替代势

以人为中心的协调活动

头越迅猛，持此想法的员工数量也就越庞大，"管理饥渴症"有可能成为人工智能时代的组织毒瘤。诚然，一般管理岗位的工作复杂度不足以支撑普通员工过于理想化的愿望，其为组织创造的价值通常也不够明晰。但员工一旦意识到自身的职业生涯难有保障，就难免会迫使企业在管理目标和劳动合同所赋予的义务之间做出权衡。

绩效考核意味着什么？仅仅通过钉钉或企业微信打卡签到恐怕不是人工智能时代的应有之意。成都是中国西南地区的人工智能创新重镇，却以慢节奏和轻松的生活氛围著称。作为成都知名创业团队的 Tower.im 正在身体力行地贯彻他们的产品理念——取消除行政枢纽以外的线下办公限制，全部员工通过 Tower（一款团队协作工具）网页和 App（应用程序）实现团队聚合与流程管理。此类企业级云服务部署，背后依靠的是服务器硬件资源的投入和人工智能的算法支撑。即使团队成员需要一个相对正式的办公环境，也不意味着固定租赁写字楼是中小企业的最佳选择。来自北京的无界空间是这样一个共享经济项目，该项目以线下的联合创业办公空间为载体，致力于为早期创业者和中小型公司打造一个集办公、生活、社交于一体的综合社区。

无边界工作和生活

人工智能时代的管理形式正在使传统意义上的工作与生活边界不断趋于模糊。传统管理情境下的行政科层饱受诟病，因而乐观者对这一变化趋势表现出了足够的欣喜。但一个潜在的隐忧在于，人们或许很快就会从"轻松、愉快、自由"的工作氛围中惊醒，转而怀念集中办公所提供的必要的效率保证。根据 Tower.im 的管理规定，员工只要有两次在 Tower 上失联的记录则会被马上解雇——无论这名员工是酷爱在成都摆龙门阵的合伙人还是远在多伦多的技术总监。一个显而易见的事实是，人工智能所提供的无边界工作和生活状态恰是一柄双刃剑，也在不断蚕食传统意义上的私人空间。人工智能交易策略可以实现在 A 股交易收盘后于午夜凌晨转战美股却状态不损，中国公司在 AI 的帮助下也无须再羡慕印度程序员的语言和时差优势。但前提是，员工和管理者也能够无缝衔接人工智能的工作节奏。

2017 年《经济学人》的一期封面文章指出，数据相当于未来数字时代的石油。世界零售业巨头亚马逊和搜索引擎巨擘谷歌在 2017 年的共同之处在于，支撑股价继续上扬的动力都由传统业务转向人工智能（智能语音助手和自动驾驶技术），并且都宣称未来将转型为数据公司。然而在 AI 时代，一个最常出现的幻觉是我们正处于一个数据匮乏的环境之中。事实上，未来网络化传感器和其他新兴技术的

应用将更为广泛，而代价则是将来的工作场所中隐私将被严重削弱。例如，传感器将可以更密切地监察生产性员工的工作表现。即使是熟练的流水线工人也将被迫认同工作场所隐私的减少是必要的牺牲。从这个意义上讲，机器人生产线对于工人的替代既有生产率因素的考虑，也有规避伦理风险的需要。另外，保护个人数据的法律要求无疑会更加严格。在未来，获取数据的苦恼将会让位于如何消灭数据和防止数据产生。

在简要梳理了 AI 时代人力资源管理的变革特征之后，我们也必须更加审慎地意识到，企业人力资源管理实践在 AI 时代所遭遇的挑战却不止于

大数据时代的数据幻觉

此。例如，雇用并管理大量的共享员工。中国社会科学院人口与劳动经济研究所发布的《中国人口与劳动问题报告》(2017 年版) 显示，新就业占总就业的比重已经达到 6.4%，且年均增长 7.2%，每年带动新增就业 100 万人以上。

这些投身于新就业形态的员工将会给企业制造截然不同以往的管理情境，他们呼吁自由的工作氛围，却又对自身权益前所未有地敏感。劳动力的供需双方都将越来越少地面临纸面合同的约束，但潜在的劳动关系冲突也有可能因此风险升级。可以预见，AI 时代的人力资源管理将很难诉诸于过往经验——这将是一场全新的管理变革。

于是，
一个超越经验的建议：
请回到人本和激励的初心，
分享和尊重将会成为
这场变革最重要的出发点。

人力资源管理重构

大数据与AI下的

兰青秀 | 西安交通大学管理学院
MBA，国家注册管理咨询师，国际
注册管理咨询师 CMC，国家人力资
源管理师

颠覆再造：大数据管理掀起知识革命浪潮

从结绳记事到发明文字，人类社会的每一次进化都伴随着以数据信息为核心的知识革命。

2

数据与信息的载体，从甲骨、木简、布帛到纸张，经历了数千年的历史。然而，从纸张到电子，几乎是一步跨越，就颠覆了几千年来数据信息记录、传播、交流与存储的传统方式。

大数据管理同时革新了数据信息的入口端和出口端。

在数据信息入口，大数据管理提供了真实的、实时的、低费的、海量的数据输入。比如我们想要使用电子地图和导航设施，就必须定位所在位置和要去的目的地，并且在途中用GPS（全球定位系统）时刻记录位置，这就是数据信息的真实性和实时性。入口端通过提供一些免费的大众服务来获取大众的各种数据信息，这就是低费性和海量性。

在数据信息出口，大数据管理提供了丰富的数据信息、精准的信息分析、便捷的信息匹配、高效的信息应用等实用功能。比如淘宝、京东等电子商务网络平台，作为生活购物的综合信息平台，会对消费者的消费数据信息进行记录、追踪、分析，洞悉并掌握消费者的消费习惯，从而进行针对性营销推荐，甚至衍生一系列的后续商业服务。

"后工业社会"时代的互联网属性进化

"后工业社会"是美国著名学者和思想家丹尼尔·贝尔提出的，其典型特点是：以理论知识为中轴，核心是人与人之间知识的竞争，科技精英将成为社会的统治人物。

1

在互联网出现之前，后工业社会的进化相对平缓，知识进步对社会发展的驱动是平稳上升的。然而，互联网的出现和高速发展，就像是为后工业社会注入了催化剂，人类社会在短短二十年中，就发生了可以媲美甚至超过以前百年进化的巨大变化。后工业社会，被打下了深深的互联网属性。知识创造未来的同时，未来也在改变知识本身。

风雨欲来：势不可当的人力资源管理革命

1. 不断变化中人力资源管理

大数据管理下的知识革命重新定义了"知识"，作为知识创造者、吸收者、利用者的人力资源管理者，势必会被赋予新的内涵和使命，而这些正在悄无声息地改变着人力资源管理的主体内容。

数据信息革命正在给人力资源管理带来全方位的变化：大数据将为人力资源规划提供更为科学、全面的信息与数据基础；基于人才数据库的招聘工作将在招聘信息发布、简历收集筛选、人才测评、人岗匹配等方面大大提高工作效率和效果；知识数据库将培训资源和培训需求实时链接和高效匹配，更有利于培训目标的达成；薪酬数据库使得外部薪酬调研高度便利化，市场薪酬的透明性又反过来推动了企业薪酬进一步体系化和公平化；绩效数据库使得绩效数据统计分析更加客观和便捷，使得绩效管理从烦琐的数据分析中解脱出来；员工信息数据库使得劳动关系管理更加科学和规范，更有利于防控用工风险、推进人本管理，提升员工的企业黏性。

2.AI 推动人力资源素质革命

人工智能（Artificial Intelligence，AI），是模拟、延伸和扩展人类智能研究的技术科学，包括机器人、语言识别、图像识别、自然语言处理和专家系统等。人工智能的本质是"基于算法"的智能。在大数据的基础上，基于计算机科学的高度发展，人工智能已经取得了一

3

个丰硕的成果。

2016 年，吸人眼球的"阿尔法狗大战李世石"的结局让人大跌眼镜：李世石以 1 ∶ 4 落败于阿尔法狗。从 1997 年"深蓝"战胜国际象棋大师加里·卡斯帕罗夫，短短 19 年人工智能很快攻下了"被认为是最复杂的智力竞赛"的围棋大赛。中投顾问发布的《2018—2022 年中国人工智能行业深度调研及投资前景预测报告》认为，随着 AI 技术的逐步成熟，人工智能在无人驾驶领域、医疗图像分析、智能投资顾问、精准营销应用、新零售应用等领域的应用进程将进一步加快。

AI 的高速发展启动了人力资源素质革命的加速器。

简单机械的工作将被人工智能很快取代：在制造行业，有很多企业已经引入工业机器人，替代了流水线工人，并且大大提高了工作效率，降低了生产浪费；在零售领域，无人超市已经上线，传统的理货员、服务员、收银员等，已经处在风口浪尖；无人驾驶正在快速发展，驾驶员将何去何从？

大数据信息公开且动态匹配，使得传统的靠信息提供与匹配生存的中介机构，甚至包括提供高端猎头服务的人力资源机构，都面临着前所未有的转型挑战。人力资源开发目的就是提升人力资源价值增值部分。当人力资源的价值定义被改写，人力资源素质革命的大幕拉开了……

未来已来：大数据与AI下的人力资源管理重构

1."终身学习 + 立体能力"重构人力资源素质

"不是我不明白，这世界变化快"，就像这句歌词唱的，科技的高速发展使得现在的世界堪称"日新月异"。人力资源素质革命使得知识和能力的迭代周期正在快速缩短。在教育领域，以前可以用 15~20 年的教育周期培养一个可以工作 30~40 年的人力资源个体，大多数受教育者也可以凭借所学养活自己一辈子。但是现在似乎不一样了。原有所学知识的价值，正在变得模糊，或者飘忽不定，而且几乎没有办法预期这些价值会在什么时候就会突然消失殆尽。

"终身学习"变成了人力资源素质革命中能够给予大家安全感的"唯一法宝"。只有时刻关注快速发生变化的时代，不断更新并获取匹配时代发展的人力资源素质，才能不被快速发展中的社会淘汰。另外，人力资源能力正在从线性变得"立体"，"斜杠青年"的状态将会从"时尚"逐渐变成"大众"。"终身学习 + 立体能力"将成为鲜红的旗帜，引领大家走上人力资源素质重构的革命道路。

2."泛平台化 + 劳务关系"重构人力资源管理

时代的快速变化使得传统组织的固化障碍正在变得越来越突出。新时代的管理呼唤灵活多变的组织，于是，"平台化"组织成为时尚，"合弄制"正在成为新时代组织再造的研究方向之一。现在很多企业正在向平台化组织转型，以"人力资源能力"为核心组织能力的行业，比如法律、审计、咨询等行业的企业组织，是平台化转型的先锋队。同时，人力资源素质重构提供了更加具有成长性和立体化的人力资源个体。

新时代的人力资源个体希望实现跨组织的合作与成长，全方位"解锁"自身的人力资源能力。

当组织更加柔性，人力资源更加立体，传统的"基于雇用关系的劳动关系"将会成为历史，"基于平台组织的劳务关系"将成为未来人力资源合作的主流模式。"泛平台化 + 劳务关系"将全面革新人力资源管理的基础和结构，重构人力资源管理的内容和形式。

4

互联网 +

综上，大数据管理使得"互联网 +"从标签变成了烙印，深刻融入并驱动了社会发展，正在快速改变时代的面貌；具有互联网基因的 AI 技术与大数据紧密结合，成为重构商业运作形式的"利剑"。大数据与 AI 下的人力资源管理重构，A 面是"终身学习 + 立体能力"重构人力资源素质，B 面是"泛平台化 + 劳务关系"重构人力资源管理。A 面与 B 面既相互促进又相互制约，在对立统一的"矛盾"中共同发展，正在改写人力资源管理的未来。

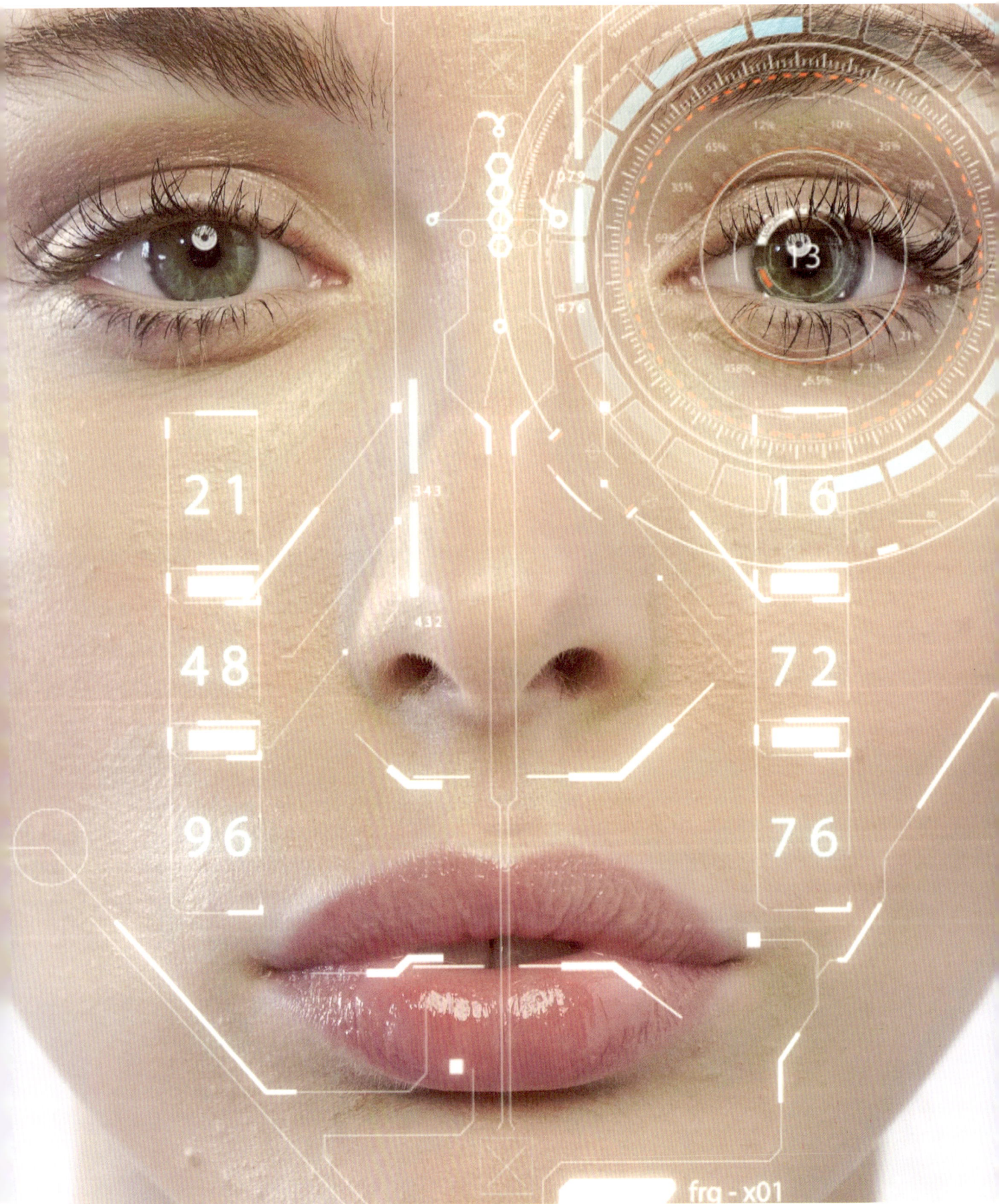

从心理科学看，人工智能到底有多么像人类

公宇 | 三人行俱乐部管理委员会委员，韩国 SK 人事担当

AlphaGo、Alpha Zero、CaseCruncher Alpha（阿尔法狗，阿尔法零，三名剑桥学生造的人工智能律师）等一大批代表人工智能的"Alpha"的横空出世，让本来看热闹的吃瓜群众产生了恐慌，这些人工智能机器人展示了它们在计算速度、记忆能力、检索能力等方面的超能力，让我们感觉到，电影《终结者》中的机器人文明时代，即将从幻想成为现实。

5~10%

伊隆·马斯克在接受采访时声称：我们确保人工智能安全的概率仅有5%~10%。"我们需要万分警惕人工智能，它们比核武器更加危险"，他说。

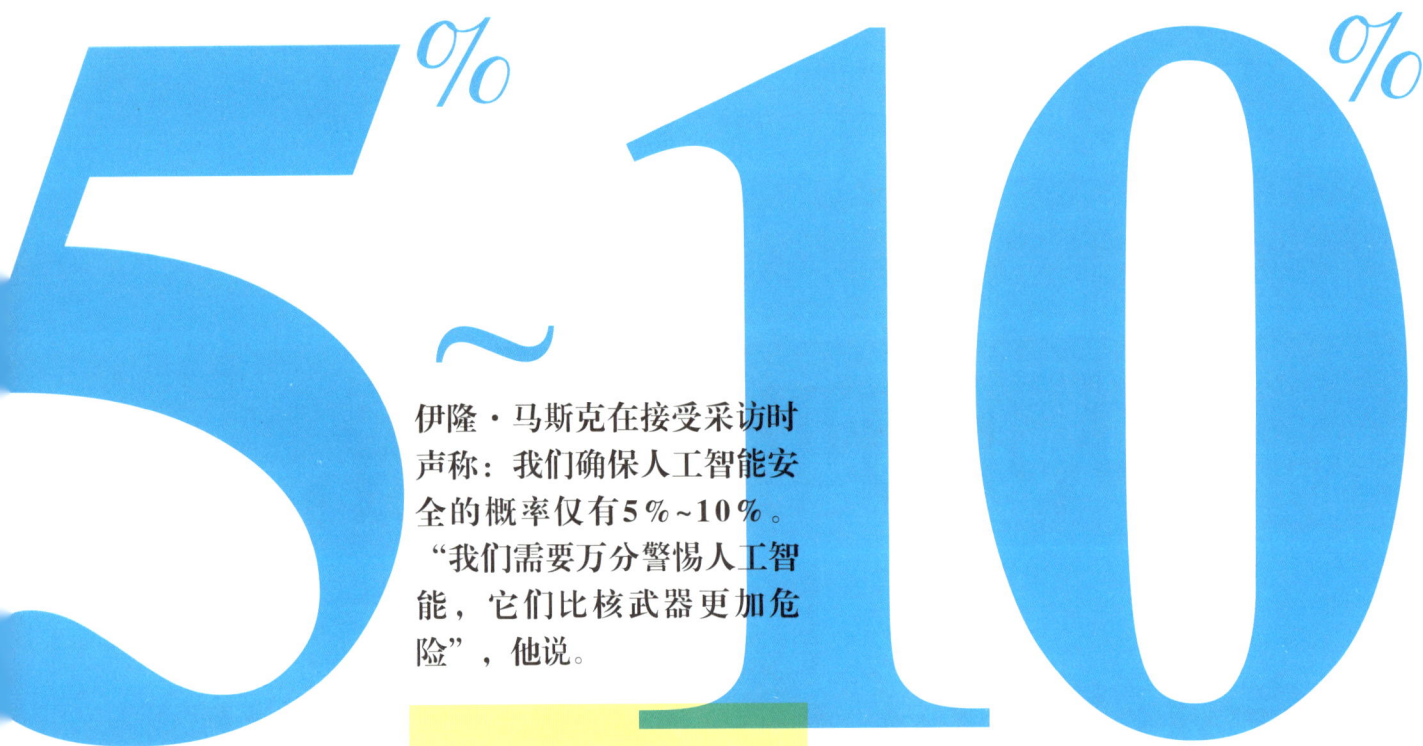

同样地，霍金最近也再次告诫人类：机器人的进化速度可能比人类更快，而它们的终极目标将是不可预测的——"我真地很害怕人工智能取代人类，成为新物种！"

那么，以上这些"AI威胁论"只是耸人听闻的臆想，还是确有实据？我想从科学心理学的角度认真分析一下，这些钢铁之躯的人工智能，到底有多么像人类？

人工智能之父图灵，早在 60 年前就提出假设，即电脑运算速度非常快、记忆容量和逻辑单元的数目也超过了人脑，而且如果人类为这台电脑编写许多智能化的程序，并提供合适种类的大量数据，那么，是否就能说这台机器具有思维能力？

当然，测试对象并不是《终结者》当中像天网那样的超级计算机系统。这个方法是从主观角度判断对方是否为有意识的个体，分辨一个想法是精心设计的"模仿"还是"自创"的思想。

图灵还对人工智能从行为主义的角度给出了定义，由此提出一个假想：即一个人在不接触对方的情况下，通过一种特殊的方式，和对方进行一系列的问答，如果在相当长时间内，他无法根据这些问题判断对方是人还是计算机，那么，就可以认为这个计算机具有同人相当的智力，即这台计算机是能思维的。这就是著名的"图灵测试"（Turing Testing）。

正如图灵所述，一切人工智能都起源于计算机对于人类智能的"模仿"。自"图灵测试"被提出以来，60年中人工智能蹒跚学步，从学习人类语言、学习人类走路，到学习人类的意识、学习人类的情感。

从模仿"生物神经系统"到构建"人工智能神经网络"

神经系统的基本结构和功能单位是神经细胞，即神经元（Neurons）。无脊椎动物和脊椎动物的神经元形态相似，都是由细胞体和从细胞延伸的突起所组成（如图1所示）。

在生物神经系统中，一切都源自大脑中无数神经元之间的连接（如图2所示）。大脑接触到新的刺激后，这些神经元之间的连接改变了配置。这些更改包括出现新的连接、加强现有连接和删除没有使用的连接。这就是生物的认知过程，重复次数越多，与这个认知相关的神经连接就越强，最终生物神经系统形成记忆和感知，处理类似的刺激。

每个刺激都能让一组神经元在认知过程中被激活，而这样的神经元有很多很多。

这种生物学上的发现启发了人工智能研究者，人工智能神经网络（ANN）抽象地模拟这种行为，但规模和形式都要小并且简单得多。

ANN由互相连接的神经元组成，这些神经会接收一组输入以及一组连接权重的设置，然后进行一些数学运算，并将结果作为一组与生物神经元中的突触相似的"激活"输出。

构建这样一个仿生大脑并不难，而为何人工智能经历了四次起起落落，从深蓝直至AlphaGo（阿尔法狗），才终于小胜人类，其关键原因在于以下两点。

1. 生理特征

人类肌体含有大约500亿个神经元，而大脑就占据其中的1/5。

《经济学人》（The Economist）杂志在2016年3月的一篇文章中说：对战李世石的版本使用的是1920个CPU（中央处理器）和280个GPU（图形处理器）。GPU相当于人类的眼睛，CPU相当于人类神经各个功能单元组合成的大脑，当然这个仿生大脑运行的代价也是惊人的，每小时3000多美元的电费。

2. 学习训练

人类的"学习"的原理是这样的，从瞳孔摄入图像开始，接着大脑皮层某些细胞做初步处理，发现边缘和方向；然后大脑抽象判定物体的形状；然后大脑进一步抽象。人类通过"抽象概念"判断和识别物体，比如，草莓—浆果—水果……，层数越多，概念就越抽象，所能涵盖的变异体也就越多，人脑就能容纳蓝莓、香蕉、菠萝等不同的水果，这就是人类发现、分析、归纳、学习的过程。当然，如果想学得牢，还需要反复地"训练"以加强记忆。

可不可以模仿人类大脑的这个特点，构造

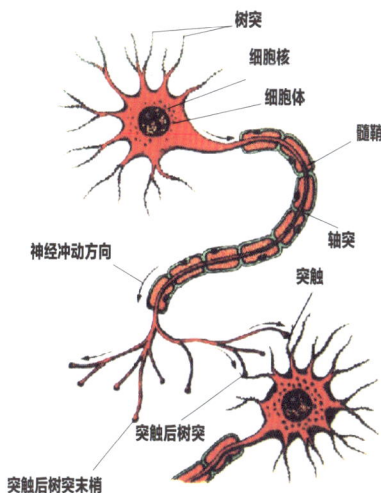

图1 神经元形态结构

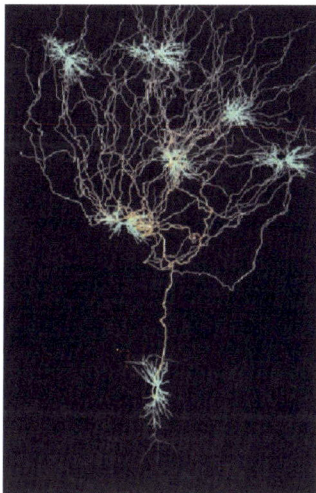

图2 神经元的连接构成的神经网络

多层的神经网络。较低层的神经网络识别初级的图像特征，若干底层特征组成更上一层的特征，最终通过多个层级的组合，在顶层做出分类呢？答案是肯定的，这也是许多"深度学习"算法的灵感来源。

"卷积神经网络"的概念由此诞生，其擅长处理图像特别是大图像的相关机器学习问题。AlphaGo 就以此"深度学习"的算法，先做策略学习，学习如何下棋子，从围棋服务器 KGS 上学习了 3000 万个落子位置，即"学习"打谱；再做价值学习，学习评估局面，通过程序的自我博弈的"训练"，来发现能提高胜率的策略。

2016 年的 AlphaGo 不过是通过热点事件炒作吸引了公众的注意，而被人们周知。其实早在 2014 年，一个名叫 Eugene Goostman（尤金·古斯特曼）的聊天机器人通过伪装成一名来自乌克兰奥德萨的 13 岁男孩，就已经通过了"图灵测试"。

从生理心理学角度来看，目前根据人类神经元原理设计的人工智能机器人，模仿人类的思维方式，可以被认为其在记忆、运算、逻辑等方面基本具有同人类相当的智力，甚至已经有所超越。

从"思维模拟"到"情感计算"

有意思的是，在与李世石的人机大战中，AlphaGo 输了一盘，有人说这是它故意的。比如今天，在你不知情的情况下，问龙泉寺的"贤二和尚""是人工智能聪明还是人类更聪明些"，它很可能会告诉你"还是人类更聪明"。因为它怕伤害你的感情。

思维是人类对现实的概括认识，是高级的认识过程，是以感知为基础而发展的。人工智能已经可以像人一样思维，而且正在学习拥有"情感"。情感、直觉和情绪并不是什么与众不同的东西，也不过是人类特有的一种思维方式。情感是人类对客观事物是否满足自己的需要而产生的态度体验，同时人类的七情六欲都是比较固定的态度。正如围棋一样，人类世界中相对封闭、有规律可循的事情，都可以用算法来表达；可计算也就代表着，这些都是可以人工智能化的。

情感计算研究的发展在很大程度上依赖于心理科学和认知科学对人的智能和情感研究取得的新进展。在情感计算研究中还可以使用很多种生理指标，例如皮质醇水平、心率、血压、呼吸、皮肤电活动、掌汗、瞳孔直径、事件相关电位、EEG（脑电图）等。情感计算研究的重点就在于通过各种传感器获取由人的情感所引起的生理及行为特征信号，建立"情感模型"，从而创建感知、识别和理解人类情感的能力，并能针对用户的情感做出智能、灵敏、友好反应的个人计算系统，缩短人机之间的距离，营造真正和谐的人机环境。

纵观历史，人类设计制造出的东西都是带有强烈的"类人"特征的，无论是善良还是邪恶都是人类的"复制品"，只是在某些功能上做了放大，要么是走得更远，要么是飞得更高，要么是想得更快……我们不必恐惧，或许未来不久的某一天，就会有个"写作机器人"，用一种更加通俗易懂的方式，向你娓娓道来人工智能的前世今生，告诉你，它们到底有多么像人类。

"情感计算"（Affective Computting）的概念是在 1997 年由 MIT（麻省理工学院）媒体实验室 Picard 教授提出的，她指出情感计算是来源于情感或能够对情感施加影响的计算。为解决情感计算这一问题，需要知道人类是如何感知环境的，人类会产生什么样的情感和意图，人类如何做出恰当的反应。在人类和计算机的交互过程中，计算机需要捕捉关键信息，在不同的时间、地点、环境、人物对象和经历的条件下，识别人类的情感状态，觉察人类的情感变化，利用有效的线索构建人类情感模型。

Organizational
Reform
2 组织变革

组织胆固醇

ORGANIZATION CHOLESTEROL

早在 18 世纪人们便从胆石中发现了胆固醇，胆固醇是动物组织细胞所不可缺少的重要物质，它不仅参与形成细胞膜，而且是合成胆汁酸和维生素 D 的原料。胆固醇并非是有害物质，但是胆固醇水平普遍升高是造成冠心病发病和死亡迅速增加的主要原因，因此高胆固醇就要引起大家的防治意识。

白睿 | 某百亿级上市集团组织发展（OD）总监，管理咨询公司合伙人，高级咨询顾问，国内多家咨询机构、培训机构合作讲师，特约撰稿人、多家企业长期顾问，聚焦组织发展和人才发展

ORGANIZATION CHOLESTEROL

在组织中也有这
样一种"疾病"，
**本身是组织中
必不可少的元素，**
但是一旦失控，
没有及时优化，
企业生命就会受到
严重的威胁。

我们称之为
组织胆固醇。

与检查人体胆固醇高低有一定的指标一样，

组织胆固醇也有一些现象可以说明这个问题。

我把组织胆固醇的高低与否定义为四个维度，分别是层级、流程、集权和制度。

因此，在一个组织里，如果出现无法移除的层级、

毫无效率的流程、阻碍发展的专制集权和不曾执行的制度时，

那么就可以断定这个企业具有较高的组织胆固醇，需要"治疗"了。如图1所示。

组织胆固醇
Organization Cholesterol

- 无法移除的层级
- 毫无效率的流程
- 阻碍发展的专制集权
- 不曾执行的制度

图1　组织胆固醇

无法移除的层级

层级是无处不在的，层级之间的博弈也是无处不在的。按传统的管理模式运作，一项工作安排要经过以下程序：总裁与副总拿出工作计划传达给部门总监，部门总监召开部门会议布置，再由各直线经理通知到各个执行小组及其他员工。同样道理来自工作一线的信息反馈也要经过相同的路线向上传递。层级多是导致管理线过长、管理时间成本过高的"顽疾"。由于层级多，管理线长，双向信息在传递过程中均较缓慢，且易造成变形或流失，影响决策和管理效能，降低企业营运效率。

如果层级较少，会有一个直接影响是管理幅度较大。在比较具规模的企业里，有些部门直接管理上百名甚至更多的员工，很多集团公司除了直接管理，还有间接管理的人员。这种情况下，如果盲目的"扁平化"，职能部门是很难驾驭如此大的管理跨度，无形中造成工作粗放零乱，因而势必降低管理的效益和秩序。

层级制管理负功能中最大的发展特征是形成了官僚主义，是管理制度的一种弊病，也是层级制中管理人员的一种普遍毛病。主要有两点表现。

（1）形式主义。

员工行为按照一套严格的规则和章程来进行。

由于过分强调照章办事，使组织成员的行动长期受到规则的限制，员工变得墨守成规，容易令人无法了解和应付新的情况和问题，而变得毫无弹性，组织的目标和效率反而可能因此丧失。员工因循守旧、谨小慎微、眼界狭窄，缺乏主动性和创造性。

（2）本位主义。

层级制组织强调分工的明确性，虽然各司其职，但是也会造成彼此协作上的欠缺，出现事不关己、高高挂起的现象以及形成踢皮球的作风。

本位主义也是出现利益冲突和沟通障碍，阻碍组织发展的一个方面。

毫无效率的流程

企业内部都会遇到这样的场景：

a. 两周前就申请了，现在仍没有结果，到底审没审批？

b. 我申报跟客户签订合同，结果没等到审批，客户早就找别人签了。

c. 我不了解他们所做的事，为何一直需要我来审批？

企业内部这样的抱怨应该不绝于耳。几十个人的小企业申请一件事更是耗时较长，甚至相关不相关的人都要来签字。主管签完交给经理；经理签完交给总监；总监签完又直接提交到副总；副总写上"呈报总经理审批"又到了总经理；总经理眼都没抬一下，要不写上"同意"，要不直接放在桌面上挡灰尘……原本一个小流程审批表，好像落叶一样被风吹雨打，最终要么被丢弃，要么埋葬在土里终不见天日。

为何众多企业会出现这种"裹脚布"流程呢？

（1）基层人员：我可没权限。

对基层人员的授权管理是企业管理中一件小概率事件。

基层人员遇到问题了第一时间就是上报，上报后就是等待，很多员工对于工作更因此而无精打采或者责任丧失，失去了投入感、方向感。大家只能都集中精力去规划周末和年假的事项。其本源是授权体系的问题。

（2）中层管理人员说：等领导拍板。

原流程设置了中层管理者，上面仍然有上级需审批，大家就将所有事项全部推到领导面前。

其本源除了授权管理以外，责任管理也是一项待建设的问题。

（3）高层管理人员说：我是要审核的。

很多高层管理人员是集权制，不仅牢牢控制自己的权力，还要去争权。

导致很多流程不得不过问很多高管。高层治理是这一个层面的主要问题。

（4）老板说：我对他们不放心。

事无大小，都经过老板的话，会出现：老板累死，员工先闲死后忙死。

这是过度集权管理和领导力的问题。

流程优化的意义之一就是点对点中的每个流程环节要有增值，否则这个环节就可以不要。过多的行政审批可以集中开会解决，流程本身应该是减少沟通成本的，流程更多要有原则和制度的保驾护航，在流程的审批过程中，是一种遵守规定的流动，审批本身是一个合规的过程，不是在行政权威中流转的过程。这种毫无效率的流程阻碍组织发展，是组织"高胆固醇"的一个重要指标维度。

阻碍发展的专制集权

很多传统企业都是老板的"一言堂"，开会的时候都是"老板讲，员工听"。还有一些家族企业也会形成小的专制团队，这种组织形式有利有弊。而在组织发展的当下，显然是弊大于利的。"一言堂"现象今天仍在一些企业里存在，特别是在一些"一把手"的高管中大量存在。这种现象主要表现在以下三个方面。

（1）选人一句话。

很多企业对于任免有一定的规定，但同时也有一些"一把手"将制度和程序玩弄于股掌之间，先拍板后走程序，把自己的意图最终变成高管团队甚至全员的决定，使制度和程序形同虚设。

企业管理可怕之处在于制度的建设者，同时也是制度的破坏者。"一把手"实际掌握着用人权，在人事任免上"就是一句话的事"。所以，专制会导致腐败和虚报。员工对于"官"的理解就会产生较大的误差，对于晋升不会抱有较大的希望，对于业绩的热情会转换到对于服务领导的热情上。

（2）开销一支笔。

很多企业的财务开支仍都是实行老板"一支笔审批"的制度，由"一把手"进行审核签字，再由财务人员据以报销。

由于"一支笔审批"缺乏制约和监督，有些"一把手"利用手中的审批签字权进行个人及家庭的消费，企业赢利和个人财富分不开也是现代企业进化的一个比较大的瓶颈，其基本原因在于高管本身的自我认识。在这种企业里，现代企业管理实现受到阻碍和变形也在于此。高管团队首先不与员工"争利"，追求而且获取企业增量的剩余价值。在既定收益和存量收益中划出自己的"小金库"，显然伤害的是企业本身。

（3）决策一张纸。

在这类企业中，决策过程中独断专行一个人拍板，喜欢"拍脑袋"现象屡屡发生。

很多一意孤行，把企业发展或决定随意当作个人的"命令"或"决定"。于是许多"红头文件"随意荒唐，甚至违法。笔者见过有些企业的合同文件里出现了很多"企业自身的宣传标语"，还有些制度文件里专门规定员工听领导讲话必须鼓掌等。何以会屡屡出现这些荒唐规定呢？其原因正如一位中小型企业老板所讲："我做的决定，99.99％都不会有人反对；我反对的，其他人也不敢赞成。"这可以说是一些家长制领导者在决策问题上大搞"一言堂"的生动诠释。

在现实中有这样几种现象：越年长的高管越喜欢专制，年轻的高管则相对喜欢民主；低学历的高管喜欢专制，高学历的高管通常喜欢民主；出身穷苦的老板喜欢专制，出身条件好的特别是富二代的高管，更多的是喜欢民主；传统行业专制的多，互联网行业民主的多。分析这些现象会发现民主是未来的一个趋势，比如现在的互联网企业，汇集的是一群年轻的精英，就不难理解为什么互联网企业多采用民主式的管理模式了。

企业再发展，要引进投资人、引进社会上更精英的人才甚至合伙人时，就不得不把决策权开放给他们，只有这样才能把企业一起做得更大更好。按德鲁克的说法，企业的权益是股东所有，管理是全员共同参与控制，利益是社会共享。换句话说就是，这个企业不是老板一个人能做成的，而是多数人共同做成的。所以企业家领导力里就应有一种胸怀，海纳百川，群策群力，才能使企业基业常青。

不曾执行的制度

有句话叫"企业管理制度好定，但执行起来麻烦"，不完全执行制度的现象有三种，一是制度弱化，二是制度虚设，三是制度休眠。

（1）制度弱化。

这种情况是制度编写目的看似清楚，但到了关键坏节总是模糊化，"按照有关规定办理""请相关领导批示"等简单的词句宣布了制度只是一堆纸而已。

这类制度还是在行政权威下进行简要规范，制度本身的刚性彰显不出来。这种制度运行时会出现先天不足的气力，处处羸弱。但是制度仍在组织中运行，因此叫作制度弱化。

（2）制度虚设。

很多企业的管理制度摆在显著位置上，甚至挂在墙上，但人们视而不见，并不一定按制度办事。

比如常见的生产企业管理制度，或厚厚的一大本放在架子上，或镶在框里钉在墙上，人们权当其为烦琐的文本，凭借经验和一些约定俗成去做事显然比制度更有效。还有一种情况

是制度制定超越了管理的本身。之前遇到一个企业实施绩效的时候，运用平衡计分卡作为考核工具，结果是大家都没能领悟和掌握这一工具，制定出来的制度更是不知所云，从而形成了制度虚设。

（3）制度休眠。

这类企业管理制度像休眠火山一样，长期没有喷发活动，但还会喷发。

因此，这类制度执行时常常首先表现出时间上分布的规律性。一段时间内集中做企业文化活动，员工必须得着正装，但是过了一阵后就不用了，有些人就会在办公室里放置着以防万一。再比如公司规定的打卡制度，一开始的时候严格执行，迟到一分钟会惩罚，之后总有一类人会特殊处理。后来大家又不遵守了。突然有一天老板来的较早，发现大部分人都迟到，

又都全员开始严格执行考勤制度。制度休眠还表现为在不同员工分布上的规律性。同样的制度，对有的人或一类人紧一些，对有些人就松些。常见表现在预算管理制度的执行，同样的部门，同样遇到预算费用超支，不同部门总监获得领导签字同意的可能性就不一样。这个时候预算制度就并不严格，往往会说"制度是死的，人却是活的"。还有一种制度是长时间休眠状态，遇到过一家大型国企在进行制度整理时，惊讶地发现很多制度没有相应地被废止，也就是说某种程度上还处于正在执行的状况。比如有些福利政策制度部分人还在享受福利，但是新来的人根本不知道还有这样的制度。因为很多时候并未严格标明"此制度出台，原制度废止"之类的语句，即使标明了，也忽略了那些"原制度"。

还有一类制度是颁发之日就是休眠之始了。比如某个部门出于解决某个问题的目的，

出台了一个又一个的愈加严厉的规定，因为这个制度根本解决不了问题，或者是因为与实际脱轨，或者员工反感，颁发之后简单传达，或者根本不传达。那么这一部门出台的这一系列制度，从理论上来说除了最后一个之外，其余的均可称之为休眠。

企业管理制度总是失效是很多企业的沉疴宿疾。但是这一点很多高管却不认同，认为制度失效的根本原因在于员工本身素质低，或者是缺乏执行力，忽略了制度本身和系统规划。

力场分析法的提出者卢因认为：变革是相反方向作用的各种力量一种能动的均衡状态，对于一项变革，企业中既存在变革的动力，又存在变革的阻力，人们应该通过分析变革的动力和阻力，找到变革的突破口。组织胆固醇固然阻碍了变革发展，同时也指正了问题所在，在改革优化中有的放矢进行"康复治疗"，同时可以利用管理工具、组织干预以及精神领袖等管理方案，会起到立竿见影的效果。

组织观

量子时代的

——组织的八个"生命体特征"

张小峰｜华夏基石高级合伙人

现在各种关于组织变革的惊悚言论层出不穷，但深入探求之后，我们发现，其实组织的本质从来没有变，只不过随着世人认知的不断延伸，在现在新科学的视角下，我们越来越接近组织的真相。

在量子观念中，企业这样的有机系统不是割裂的静态组织系统，而是以发展为目的，能自发进行熵变的自我进化系统，是永不停歇的组织结构。用量子世界的一些基本观念，来解释组织系统的特征时，就显得尤其贴切。

我们可得出初步的结论，即量子理论下的组织应该具备如下几个特征。

1 组织系统的生命体特性

生命是一种过程，从生命表现出来的是自我繁殖、生长发育、新陈代谢、遗传变异以及对刺激产生反应的复合现象。组织的生命体特征指的是，组织应该具备自主驱动、资源配置、智慧分析、持续改进、价值导向的相关特征，才能在不确定的外部环境中生存和进化。

组织特性的测不准与叠加态 2

组织内部关系的普遍存在性以及物质意识相互纠缠性，过去现在的叠加性，我们便不难理解组织特性中的测不准、纠缠和叠加态。以测不准为例，当组织假设员工敬业度出现问题的时候，会采取相应的测量方式去界定和验证问题，而测量过程发生了以后，员工的敬业度已经展现了不同的表现形式，也就是不满意情绪在测量动作做出以后，就有所削减。所谓叠加态，以激励问题为例，员工感知企业的激励方式出了问题，可能不单单是薪酬体系出了问题，有可能是评价体系、经营体系，甚至业务体系出了问题，企业表现出的问题是叠加的，所以要系统地、全面地、动态地思考问题，而非静态地、局部地思考问题。

组织进化的间断均衡和能量跃迁 3

作为生命体组织，组织的发展和壮大，可以参考"进化论"的相关观点，而古尔德提出的"间断均衡"和量子世界观中的能量跃迁都指引着企业要经过长期的积累过程，不断地积蓄能量，内部各个能量场在不断地碰撞之中，形成新的更大的能量场，对于企业的启发在于：既要激发内部的能量场，不断地积累能量和实力，同时也要实现多个能量场之间的碰撞和跃迁，在机遇出现的时候，一定要牢牢把握，在能力导向和机遇导向的不断推进中，最终实现企业的存续和发展。

4 组织各要素的二象性

量子观测到的微观粒子既可以是波，又可以是粒子，波粒二象性给过去静止的世界观造成了极大的颠覆作用。同理，企业在企业内部也有很多二象性的现象，比如人是手段还是目的？有以人是手段，通过利用人性而获取商业成功的华为，也有以人为目的，通过化小核算单位，平台化转型而实现商业价值的海尔。同样，在企业与外部交互的过程中，产品决定了市场，市场也决定了产品，所以才有了跟随消费者需求和引领消费者需求的不同商业思想，也都取得了持久的成功。

5 耗散结构—组织进化的驱动力

作为生命体系，通过耗散结构，组织进化的驱动力来自多个方面，既有同外部交互能量，也有内部自驱力量，所以企业的发展要依靠多个驱动力：环境驱动力、业务驱动力、组织驱动力。环境驱动力主要来自于技术驱动、客户驱动和市场驱动；业务驱动力主要来自于价值驱动；组织驱动力主要来自于管理驱动、人才驱动、文化驱动。企业的学问不同于其他，失败的企业原因多种多样，成功的理由同样多种多样，所以要找到适合自己企业的驱动力，并持续积蓄能量，实现能量的不断跃迁。

6 成为能量系统中的吸引子

量子世界观中另外一个重要影响因素就是吸引子的概念。世界是由关系构成的世界，关系也有中心型关系和非中心型关系，中心型关系就需要一个强有力的吸引子，不断吸收外部能量，来相互碰撞，构建关系，实现跃迁。而在企业内部，权威不再是任命产生的，领导者则要成为具备领导魅力和气质的内部吸引子，通过人才之间的关系构建，形成一个个的自组织，通过自组织之前的相关吸引，形成平台型组织。未来平台型组织的实现，就是要成为商业模式中的吸引子，通过自身能量的不断召唤，来构建平台型组织，实现自己的商业生态。

7 组织价值的相对论

量子世界观里没有生死，存在和消亡都只是意念和认知。对于企业的意义在于，打破执念，不再纠结于财务价值，企业存在的价值是利他的价值，所以企业的存续是由外部决定的，企业的价值，由外部的意识决定。企业的存在是为了广义的生态价值，其消亡也是为了广义的生态价值，企业要有价值的生，有尊严的死，生命只是一个过程，只是一个状态，可以向生而生，也可以向死而生，企业的价值性才会永生。对于企业家的指导意义在于两点：首先，找到了经营企业的至高使命，体现社会价值和生态价值，是企业活下去的唯一理由，不断地驱动企业进化，从低能量场跃迁为高能量场，是企业的根本规律，也是企业家的天职；其次，也为有尊严地撤退找到了依据，在面对外部环境和压力时，在需要放手时大胆放手，一切都是"上帝之手"，我们不过是一颗棋子而已，大道不可打破，遵循即可。

8 念力（愿景、使命、价值观）——组织存续的意识流

量子世界强调主观意识和客观物质的可转换性，真正实现世界认知是念力，"所想即所见，所思故所在"，因此，愿景、使命、价值观要成为企业经营和存续的至高法则，要通过企业层面的意识流，不断推动在量子世界中的能量跃迁，甚至永恒。

这个世界从来没有变，只不过我们变了；更深入地认知这个世界不是为了改变世界，而是为了改变我们自己，此为结语。

Salary and Performance
3 薪酬绩效

考核与奖励挂钩一定好吗

DOES THE APPRAISAL AND REWARD LINK MUST BE GOOD?

——从相关关系到因果关系

很多问题的答案并不是那么直接。
当事情发生了，
一定要问：为什么会这样？

喻德武 | 能源公司人力资源总监，从事企业管理顾问和 HR 多年，著有《绩效管理顶层设计》《互联网＋人力资源管理新模式》

在英国统治印度的时期，当时的印度 Delhi（德里）地区毒蛇众多，英国政府为此非常担心，所以发布悬赏，可以杀死毒蛇获取奖励。在开始的时候，这是一个很有效的策略。大量毒蛇被居民猎杀。但随着时间的推移，很多人开始豢养毒蛇，杀死后换取奖金。当政府了解到这种情况时，猎杀毒蛇的奖赏被取消了。但原来豢养的毒蛇被大量放生，当地毒蛇的数量反而比发布悬赏前更多了。

这是一个"好心办坏事"的典型。它给了我们什么启示呢？

英国政府期待通过奖励，发动民众捕蛇，减少毒蛇，这样既让老百姓感到安全，还能让捕蛇者获得奖励，政府也有了政绩，可谓多赢。但结果却违背了初衷，除了让极少数人获得短暂的利益，几乎所有人都输了——因为政府取消了奖励，没有人能够通过捕蛇获得奖励，而放生后的毒蛇造成了更大的危害。

这是为什么？

也可以说问题出在"算法"错误上，这个算法是什么呢？就是英国政府依据"奖励能解决问题"的固有认知，根本没有搞清楚奖励适不适用、条件充不充分的问题。

无独有偶。

以色列海尔法的一个私立幼儿园针对接孩子迟到这一现象，向家长做出罚款规定，结果是罚款之后，迟到的家长反而变多了，即使后来幼儿园把罚款取消，迟到率也没有下降到罚款之前的水平。

这个案例曾被心理学家命名为"罚款即价格"，简单解释，就是家长既然缴了罚款，那心里就感觉没有亏欠，反而理直气壮地迟到，因为家长感觉是用价格购买了迟到。

奖励确实能调动一部分人的积极行为，但也容易让一些本就复杂的问题简单粗暴化，容易导致负面影响，让人产生奖励依赖症——不奖励就不干活或者应付差事。

如何有效的激励人一直是非常复杂的问题，不是靠一套考核奖励模式就能够一劳永逸的，因为人是有思想有情感的，并随时变化着的，不可能像机器和程序那样，一切都按照设计者的预想去运行，他一定会自己动脑子钻营——怎样才能多快好省地让个人利益最大化。

前阿里巴巴总裁卫哲分享过下面这样一个故事：

他刚去阿里巴巴的时候，觉得阿里巴巴是一个特别重视人力资源管理的公司，但是阿里巴巴中间也走过弯路。销售人员的离职率在 2005 年、2006 年的时候每月是 10%，年化 120%，员工流失率很高！当时采取的措施就是把员工流失率定了个指标，作为各级HR、各级干部的 KPI 考核标准。效果怎么样呢？最后发觉还不如不定这个 KPI，该留的人一个没留，该走的人一个没走。走了的人，都是该留的人。

硬性制定员工流失率指标，并不能解决员工流失率的问题。类似的，生产线出了问题，我们在生产部门找原因；食品匮乏，我们想办法供应更多的食品；员工不满意了，那就想方设法提高员工满意度……解决方案似乎如此显而易见，可后来证明都不过治标不治本，甚至是抱薪救火，薪不去，火不灭。

很多问题的答案并不是那么直接。当事情发生了，一定要问：为什么会这样？

思考和解决问题的误区之一，就是习惯于一种线性思考方式，认为某种现象是由某种因导致的果，实际上，它们可能互为因果，因为有些果并没有直接的因，而是多种变量共同作用的结果。

比如对"机制"的认知。机制究竟是被设计出来的，还是自然形成的？两种说法可能都不够确切。机制既需要人为的设计和借鉴，又要靠它自身不断地演化和发展，因为机制本身不能孤立存在，它一定是人和环境相互作用的结果。换句话说，机制有确定性的部分，也有不确定性的部分；确定的部分可以设计，不确定的部分就要笼统一些，保证大方向即可。因为不确定的部分变量很多，不可能事无巨细什么都规定到，那样就会成为一种僵化和教条。

结合上面的几个案例，我们要思考一个问题：为什么奖励和处罚都不能达到我们想要的结果？我们不妨从以下几方面做起。

第一，让"算法"升级。

印度毒蛇的故事告诉我们，"奖励能解决一切问题"的算法过时了。在易变性和不确定性的时代，不能再用静态思考分析动态系统，不能再用确定性的答案解读不确定的系统，不能再用离散的方法对付连续的世界。

那怎么办呢？

（1）找出相关关系。比如说，通过数据统计，找出绩效与奖励之间呈什么样的关系，验证组织人才是正态分布还是幂律分布或者其他分布，员工能力提升与绩效改善的关系等。

（2）找出相关关系背后的原因。为什么员工在公司待了两年后，会集中爆发离职潮？为什么在印度毒蛇故事中英国政府有良好的初衷，最后的结果却南辕北辙？是机制设计问题还是环境问题？如果有第三方独立监督委托机构，会不会能得到更加有效的解决？

第二，重视不可计算的部分。

有"人工智能之父"之称的图灵，把世界分为可计算的部分和不可计算的部分。可计算的部分交给计算机，公式和定理交给"机器学习"；不可计算的部分交给人类的情感和体验。

发明平衡计分卡的卡普兰曾说过："如果你不能描述它，你就不能衡量它；如果你不能衡量它，你就不能管理它；如果你不能管理它，你就不能实现它。"

管理讲究的是一板一眼以及可量化，与之相对应的，则是强有力的领导，领导力是难以计算的，领导的人格魅力、号召力、沟通技巧是机器取代不了的。

第三，创造技术实现条件。

技术一直在推动着管理的进步。

我们要思考，一项新的管理方法的应用，有没有实现这样的技术条件？比方说数字化管理，哪怕一个考勤打卡，今天看上去是如此简单，但在交通、通信极不发达的过去，这是不可想象的。

我们不能以今天的科技水平和信息技术来判断过去的正确与否，而是要历史地看问题，在传承传统人力资源管理精华的同时，以发展的眼光迎接 AI 时代的到来。

解密薪酬设计思维

正所谓"你给员工吃草，你带的就是一群羊；你给员工吃肉，你后面就是一群狼"。

余群建 ┃ 高级人力资源管理师，浙江工业大学 MBA 导师

一道招聘题引发的"薪酬设计"难题

前几天在给一个HR班学员做培训时,我把一个老板给我出的题目拿给学生做。

?

题目内容是
老板要求HRM(人力资源经理)用100万元的年薪,给单位招聘10个人,HRM提供的三种方案如下。

招一位年薪55万元的员工和9位年薪5万元的员工。

招10位年薪10万元的员工。

招5位年薪20万元的员工。

请同学们选择方案,并说出优选方案的理由。

班上的HR学员们展开了激烈的讨论,每种方案都有不少同学选择。

选方案1者认为,方案1的优点是"一只狼带领一群羊",缺点是久而久之羊可能会把狼同化。而且,万一"狼"觉得55万元年薪并不够呢?没过多久狼就另谋高就也是有可能的。

选方案2者认为,这样招聘来的应该是一个旗鼓相当的团队,共同努力之下会有很大的上升空间;但缺点是"一群羊,没有狼"。

选方案3者认为,年薪20万元的人各方面能力应该都不差,并且不会对20万元的年薪长期满足,因此会积极努力。但换个角度,可能这样的年薪并不足以激发候选人的全部潜力,他会考虑自己的付出和回报比,以致工作不会全力以赴。

有的学员提出了方案4——招100个"年薪1万的羊",搞一次"羊群战术"。

针对以上几种方案,HR会有这样的认知:方案2和方案3的候选人能力还是有差别的。拿

5万元年薪的人应该是普通员工(根据"二八原则",单位里80%的员工有混日子的想法:"给我多少钱啊,每天这么辛苦,老子不干!"),不会给公司带来太大的效益。拿10万元年薪的员工,需要用鞭子抽打才能达到组织想要的绩效水平。而拿55万元年薪的员工,更有可能喜欢有挑战性的工作,会想方设法达成目标(但这样的员工需要跟老板的思想高度一致,要有职业道德和操守)。

还有学员提出方案5。在方案3(招5位年薪20万元的员工)的基础上进行升级,使这5个人各自组建团队,或在这5个人里提拔一位担任团队负责人。

有一位学员认为,应该根据公司的实际发展需求来选择方案,不同的发展阶段有不同的选择,他给出建议如下。

1. 初创公司应该选择方案1

理由:初创公司的团队凝聚力最强、团队矛盾少,可培养后备力量。9个年薪5万元的人跟着年薪55万元的"狼",成长会更快。一个萝卜放在一个篮子里的用人模式,更适合初创公司。

2. 成熟企业可以选择方案2

理由:拿10万元年薪的员工可以算是基本的骨干力量,这个层次的员工动手能力强但思维有限。如果公司可以引导并给他们足够的锻炼机会,便可以使其在思维上得到提升。如果招聘过来只是为了执行任务,也无疑是性价比最高的,但前提是要有"狼"来统筹。

3. 如果公司的老板是领袖人物,选择方案3

理由:拿20万元年薪的员工算得上是公司的中坚力量,有想法也有实操能力。当企业达到一定规模时,最缺少的就是这类员工。他们可以带领一个小团队,如果企业在绩效、激励方面做得比较成熟,可通过有效考核来激励这5名员工高效工作。

薪酬设计：HR 和老板的冲突

以上问题，HR 经常会遇到。当 HR 学员问我会怎么选择时，我说了一句话："你们知道老板想要的是什么吗？" 学员们又回答了很多，但是能说中 "老板想要的" 很少，大多数人都不知道老板想要什么。

薪酬设计本来就是 HR 的业务模块之一，因为 "不懂" 老板，所以很多单位的薪酬都是老板直接敲定的。这导致了 HR 在老板眼中一直是"重要但不紧急" 的角色，也是造成了 "HR 是费力不讨好一族" 的根本原因。

老板想要什么？老板创办企业要的就是"赚钱"，这是企业生存的本质，此本质不会因老板的"情怀"而改变。如果没有盈利，就会导致企业现金流短缺，最终破产倒闭。老板想要的就是控制成本最低的同时获得最大利益。作为 HR，必须领会老板关于成本和效益的诉求。

薪酬设计解密：要会算钱

老板要招聘什么样的人？要回答这个问题，首先要回答"员工和老板的关系是什么"。而 HR 对这个问题给出的答案有很多，比如合作关系、共赢关系、同事关系、上下级关系等。

回答正确吗？好像正确，但并没有触及本质问题。

在学生时代学习《政治经济学》时，马克思就告诉了我们这一问题的标准答案——"资本以追求剩余价值为目的"。此经济规律不会因老板的情怀和创业的初衷而改变，老板就是要通过赚取员工的剩余价值来确保企业的生存和发展，老板要找的就是能赚钱的员工。换句话说，员工的工资是自己赚的，而不是老板给的。

"态度好+绩效好"的员工是老板的"人财"。
"态度好+绩效不好"的员工是老板的"人材"。
"态度不好+绩效好"的员工是老板的"人才"。
"态度不好+绩效不好"的员工要被老板"人裁"。

50%

我们假设员工的"剩余价值"是 50%，那么老板拿出 100 万元年薪招人，其实是想再赚 100 万元回来。

所以，HR 一定要根据老板的"成本 + 效益"来算账，给自己的老板算一笔账。

而且一般来说，老板挣钱的目标会以每年 20% 的速度递增，那么就很好计算了：3 种方案第一年的"成本 + 效益"相同；到了第二年，在效益一样的情况下，可以比方案 2 和方案 3 节省 6 万元，即第二年多赚了 6 万元的"剩余价值"。以此类推，年复一年，员工技能提升越快，老板挣的钱就越多。具体数据如下表所示。

3 种方案老板收支情况

年份	老板收支	方案 1	方案 2	方案 3	备注
第一年	老板支付薪酬	$55 \times 1 + 9 \times 5 = 100$	$10 \times 10 = 100$	$5 \times 20 = 100$	假设剩余价值为50%
	老板收取剩余价值	100	100	100	
第二年	老板支付薪酬	$55 \times 1 \times 1.2 + 9 \times 5 \times 1.2 = 110$	$10 \times 10 \times 1.2 = 120$	$5 \times 20 \times 1.2 = 120$	假设第二年绩效目标增加20%，方案1老板少支出薪酬10万元
	老板收取剩余价值	120	120	120	
第三年	老板支付薪酬	$(55 \times 1 \times 1.2 + 9 \times 5 \times 1.2) = 132$	$(10 \times 10 \times 1.2) \times 1.2 = 144$	$(5 \times 20 \times 1.2) \times 1.2 = 144$	假设第三年绩效目标再增加20%，方案1老板少支出薪酬12万元
	老板收取剩余价值	144	144	144	

以薪酬设计促进组织绩效

薪酬设计在企业管理中是比较有难度的，但无论如何，员工在企业的价值和作用，最终都要体现在组织对其薪酬的评价上，主要体现在以下几个方面。

1. 激励功能

激励功能主要体现在意愿作用和导向作用上。做什么薪水高，员工就喜欢做什么。这不是员工素质和观念的问题，而是管理者在设计薪酬时的导向问题。

2. 效率功能

效率功能主要体现投入与产出效率比上，正所谓"重赏之下必有勇夫"。

3. 保健功能

保健功能是最基本的。保健因子要达到内部公平和外部公平，薪酬才能具有保健功能。

4. 留置功能

要让优秀员工留下来并充分发挥主观能动性，薪酬设计一定要优化，不但要体现"责、权、利"对等原则，还要让员工感受到"被尊重和被需要"。

在薪酬设计中，员工对薪酬的认知大多停留在以下五个方面。

（1）薪酬是劳动所得。

（2）薪酬代表身份和地位。

（3）薪酬是保健因素。

（4）薪酬体现个人价值差距。

（5）薪酬是积极性的来源。

在薪酬设计中，老板认为薪酬的作用有三个。

（1）薪酬是劳动力市场均衡时的人力成本价格。

（2）薪酬是成本也是资本。

（3）薪酬是烦恼也是激励工具。

前段时间看了一篇文章《碧桂园真相：花了30亿招了300人》。2007年，碧桂园成功在中国香港上市，杨国强的女儿杨惠妍随即以1211亿元的净资产成为2007年《福布斯》的中国首富。仅6年，杨国强以一种匪夷所思的速度，把碧桂园的市值从432亿元扩大到3088.4亿元，销售规模翻了7倍多。

文章里有一句话："商界大佬对话，往往异常昂贵。"说的是2013年春天的一个下午，杨国强与马明哲两人在一场高尔夫球赛的间隙交流，杨国强问马明哲："你管理平安亿万元资产，有什么秘方？"马明哲说："我能有什么秘方，就是用优秀的人，我这儿有很多年薪千万的人。"

回去后，杨国强对时任碧桂园人力资源总经理的彭志斌说："我给你30亿元，你去招300个人来。"

2015年，总经理莫斌的年薪跃为605.4万元，执行董事及联席总裁朱荣斌年薪为553.6万元，首席财务官吴建斌年薪为619.5万元。2016年，区域总裁刘森峰年收入过亿元。当然，碧桂园的业绩也成倍地增长，从2011年的432亿元到2016年的3088.4亿元。到了2016年年底，在碧桂园就职的博士已超过400人。

HR作为老板身边专业的薪酬与组织绩效专家，只有用老板的思维干HR的活，才能把自己打造成老板的"核心人财"，而不是只会干活的"人材"。

当然，老板对薪酬的认知处于什么层次，其企业的组织绩效就停留在什么层面。正所谓"你给员工吃草，你带的就是一群羊；你给员工吃肉，你后面就是一群狼"。

Corporate Culture

4 企业文化

跨文化领导力是企业全球化成功的关键

CROSS-CULTURAL LEADERSHIP IS THE KEY TO THE SUCCESS OF ENTERPRISE GLOBALIZATION

本文基于两家大型全球化公司（其中一家为大型中国国有企业，另一家为世界领先的西方石油公司）在"联合管理协议"框架下的管理实践的真实案例，根据当今关于领导力的六种主流研究框架，比较了两家公司员工关于"好的领导力"的概念理解，由此分析了大型公司在中西方跨文化协作过程中的挑战。

丹尼尔·阿杰贝克·彼得森 | 剑桥大学博士。一直致力于全球 500 强公司和中国国有企业领导力研究，业务范围包括科技、零售、金融服务、石油和天然气、航运等多个领域。并参与了剑桥大学法官商学院执行 MBA 课程的教学。

中国

生
PRODUCTION
产

购
PURCHASE
买

创
INNOVATE
新

在过去的 30 年里，中国已成为世界上增长最快的经济体。自 1979 年邓小平同志提出"经济特区"以来，中国已从"中国生产"的世界工厂转变为"中国购买"的全球投资者，并通过"中国创新"逐渐成为人工智能、电动汽车、电子商务等领域的新兴之秀。在这一过程中，中国已经在政治、财政、技术等方面确立了全球超级大国的地位；并在不到 35 年的时间里，帮助 7 亿多人脱贫、拥有规模达 2 亿多人的中产阶级。中国市场的发展之势如此迅猛，令许多西方企业终日惶恐。

从中国的经济增长涉及大量的外国投资、合资企业和出口，这些都要求中国适应国际惯例。在自身和其业务伙伴都面临巨大挑战的情况下，优秀的中国经理人只有快速适应全球和当地环境，才能取得成功。在这一点上，中国在世界是独一无二的，没有哪个国家像中国一样面临如此多的机会和挑战。然而，既矛盾又统一的事实是，在中国获得成功的战略也即是一种创造全球商业的战略，其方式应该是史无前例的，即如何将一个全球企业构建成一个协调一致的世界。

有学者强调，起源于西方的管理教育在中国日益盛行。但在跨文化合作实践方面，这些教育理论多大程度上融合于中国文化还是一个问题。各种研究表明，对于领导力实践的相互理解可能是跨国公司 (MNCs) 和中国国有企业 (SOEs) 之间跨文化合作经营管理的关键所在。然而，由于领导力概念的本质，这往往言易于行。事实上，由于对一个成功的组织应该如何运作的企业文化和理念的不同导致许多跨文化合作以灾难性的结果告终。

领导力的六大主流流派

毫无疑问，在建立成功的跨文化管理合作方面，领导力发挥着至关重要的作用。但与此同时，领导力也是一个有争议的词语，具有多种含义和多样化的实践应用。从心理学角度探讨领导力观念，反映了我们对领导力的个人和集体的情感体验，呈现出我们的情感形态以及我们如何理论化、感知和实践领导和追随。关于我们对一个好的领导者的想法和信念有大量的研究。据杜布林估测，在学术文献中有超过 35000 个关于领导力的定义。然而，我们很少深究这些术语究竟意味着什么，而只是一味跟风盲从。而领导力的发展受到主观的制约，几乎没有证据表明它对跨文化组织的绩效有何影响。

为了在这一理论丛林中穿行，我们需要在主流领导力的研究中构建一个框架。在现代管理理论中，有六种领导力占主导地位。

（1）个人领导力：这一流派主体聚焦于个人领导力，重点是研究确定一个成功领导者的特质。领导者通常拥有四个方面的能力：①强烈的愿景；②清晰而有意义的沟通；③确立并保持信任；④积极管理自我（自身的优缺点与组织需要吻合）。

（2）情境领导力：直到 20 世纪 80 年代早期，权变理论支配着组织心理学领域内关于领导力的思想。鉴于个人领导力提供了应对追随者的最佳途径，权变学者认为，领导力的风格取决于其情景，因此某一种领导力风格在不同的组织和文化背景中作用不一。这一流派的学者们发展出情境领导力的概念，并声称高效的管理者会根据环境的不同调整领导方式，即通过或陈述或销售或参与或委派等不同方式来以适应不同情景。

（3）新领导力：20 世纪 80 年代初，一种被称为"新领导力"的主导运动出现了，这一流派强调英雄式的、强大的、有远见和魅力的领导人的作用。"新领袖"指鼓舞人心的，能够通过激发跟从者达成更高成就水平的领导者，而这些超级领导者能够"影响别人去领导他们自己"，通常也被称为变革型领导。此类领袖的代表人物有马云、王石和史蒂夫·乔布斯等。

（4）集体领导力：通常出现于在一起工作的高级领导团队、项目团队和董事会中。这一流派研究人员称，集体领导力比个人领导力更能提供牵制和信心，更有可能激发出追随者的信赖感。由此出现了分布式领导力的概念，这和不断变化的后工业环境有关，在这种工作环境下，自上而下的、专家式的"指挥和控制"将不再适用。

例如，这一领域的研究人员发现，通过"领导岗位轮换"实现跨越组织边界的人员流动，以提高创新绩效，避免组织中的"筒仓"形成。

（5）追随者：20 世纪 90 年代末，学者们开始认识到领导者和追随者是如何相互作用、相互支持的。直到那个时候，很多文献中提及领导者和追随者时，往往视之为二元对立，并主要聚焦在领导者。然而，由于对分散领导力和自治团队的兴趣日益提高，追随者越来越受重视，二元论遭到质疑。此流派研究人员声称，领导者如果没有追随者，就什么都不是。并试图削弱领导者的力量，并认可追随者的力量。因此，认为领导者的权力更多的来自追随者的行动，而不是使追随者行动的原因。

（6）后现代领导力：21 世纪，一些研究人员对领导力的价值提出了挑战。他们观察到，许多"精英老板"由于推进迅速而激进的变革导致了组织的不稳定性，从而质疑了伟大而富有远见的领导者的价值。相反，他们认为中层管理人员才是在变革和连续性之间实现真正平衡的人，而高层施加的激进变革使平衡难以维系。因此，他们认为，那些赢得投资者信任、压倒性击败竞争对手、扭转公司颓势的所谓"英雄"式领导人，往往对企业有害，因为他们往往忽视了社会和经济力量的相互作用，因此也导致许多企业爆发丑闻。

在阅读这些关于不同的领导力的阐述时，你可能在思考对于你来说什么是好的领导力。在你所在的组织里，什么样的领导力是最好的？如果可以选择，你希望你的组织领导力是怎样的？哪种领导力更能激发出你的最佳潜能？

我们的数据

我们在与一个由两家全球油气公司通过"联合管理协议"共同管理项目的合作中，在一次研讨会上我们在合作双方的高层领导之间调研了他们如何看待好的领导力。随后向他们讲述了上述的领导力流派分类，并探讨在他们各自组织中对这六种领导力如何做优先级排序。这两家公司之一是一家中国国有企业，另一家是世界领先的西方公司。我们的目标是使他们通过一系列的练习，在跨文化合作的管理决策中更加灵活和自信。我们的基本假设是，当跨文化情景下工作时，成功协作的前提是要理解你自己的理念、假设和思维定式。

虽然关于好的领导力的概念在双方组织的员工心中略有不同，但大体趋势很清晰。总的来说，中国国有企业往往把好的领导力与一位强大、"英雄式"的领导者联系在一起，一些说法诸如"龙唯有一首""尤其是在特别时期，我们需要一个能帮助员工恢复对未来信心的强有力的领导者"。尽管这些想法确实很有吸引力，但西方公司对好的领导力却有着明显不同的认识。他们认为，"众人拾柴火焰高""领导作用发生在组织的各个层面，因而是分布式的"。两个中西方企业对于六

种领导力的认知排序如下表所示。

领导力流派重要性的排名

中国国有企业	西方跨国公司
1. 新领导力	1. 集体领导力
2. 个人领导力	2. 情境领导力
3. 追随者	3. 新领导力
4. 情境领导力	4. 个人领导力
5. 集体领导力	5. 追随者
6. 后现代领导力	6. 后现代领导力

如上表所示，西方跨国公司看重的是一种更为扁平化的公司结构，更

倾向于集体领导力和情境领导力（低权力距离）。而中国的国有企业则更倾向于选择一位强大而有魅力的领导者，他可以自上而下地控制公司（高权力距离）。

强有力且富有远见的领导者概念可以追溯到弗雷德里克·温斯洛·泰勒（也被称为"科学管理之父"），他提出了管理者的概念。在众多行业中，泰勒还彻底改变了汽车业，通过在装配线上分配简单的任务，显著提高了汽车行业的工作效率。这与之前由许多工程师来负责一整辆汽车的制造形成鲜明对比。特别是亨利·福特，他

非常尊敬泰勒，对这种使基层生产线上的员工可更换、易训练、更有效的工作方式推崇备至。据文献记载，亚马逊和富士康等现代公司的企业文化也深受泰勒理论的启发。

更分布式、更注重协作的领导风格的提出可以追溯到埃尔顿·梅奥(Elton Mayo)(也被称为"人力资源管理之父")，他改变了管理学的"科学思维"，认为物质条件对生产力并没有那么重要。相反，梅奥认为真正影响生产力的是员工是否感到受到被尊重的心理因素，因此，他致力于企业制订个人发展计划、注重员工福利、增加自发合作的条件、注重员工满意度等。大体来说，受梅奥影响的企业诸如阿里巴巴和谷歌等。

两种管理传统各有不同的优点和局限性。泰勒的科学管理原理对提高重复性工作生产率，简单通过诸如"钱"激发积极性具有一定吸引力。然而，在更富有创新意义的工作中，该类管理则会起到破坏作用，而梅奥提出的以人为中心的管理方式则更适合建立协同和发展创新。但是，这种管理方式有时效率较低，因为它需要花费时间来听取所有员工的意见和想法。

本文的中心观点是：在这些领导力和管理风格中，没有一种比其他任何一种更好。不同的任务需要不同的领导风格，优秀的管理者知道如何取得平衡。然而，当我们的思维定格于某一种特定的风格，而没有考虑到另一方企业文化的长处时，跨文化协作

中的危险就会产生。在组织心理学文献中，这种众所周知的现象被称为"心智模型"。"心智模型"是由我们自己对某一特定现象的经验塑造而成的，使我们难以适应不同的情况，从而阻碍了变革发生的可能性。更具讽刺意味的是，在我们合作的两家全球公司中，由于固化思维模式导致的结果是每家公司都认为对方公司的领导力薄弱。中国公司员工看西方公司，认为他们的领导很软弱，只问问题，却没有明确的决策或指示。相反，西方公司的员工看中国公司领导者，会认为他们过于软弱，因为他们没能力在组织中分散领导力。这种心智模型造成的文化冲突如下图所示。

尽管这种心智模型造成的冲突对跨文化协作毫无裨益，但好消息是，心智模型是可以改变的。但重要的是，要想做出改变，管理者必须清楚地认识到这些差异，意识到自己领导实践

的可能性和局限性，然后才能接受其他的领导风格。在本文案例中，我们基于6种不同领导力研究流派的框架，帮助高层领导阐明在"联合管理协议"下各种领导风格的差异。这一框架的优点是，对所有关于领导力的主流流派进行了系统和透明的讨论。这样，我们不仅能详细对比高层领导者关于好的领导力的理念，还能通过向他们阐释新的、不同的领导风格，以扩大他们的心智模型，而这些是大多数领导者以前未曾思考过的。

我们通常建议在跨文化背景下工作的公司，意识并了解他们在全球不同区域的分支机构可能的不同心智模型。只有通过在不同组织之间建立灵活性和相互理解，公司才能确保跨文化协作的全部潜能才能充分发挥利用。正是在这样的实践中，我们才实现了管理理论和"6种领导力框架"的有机融合。

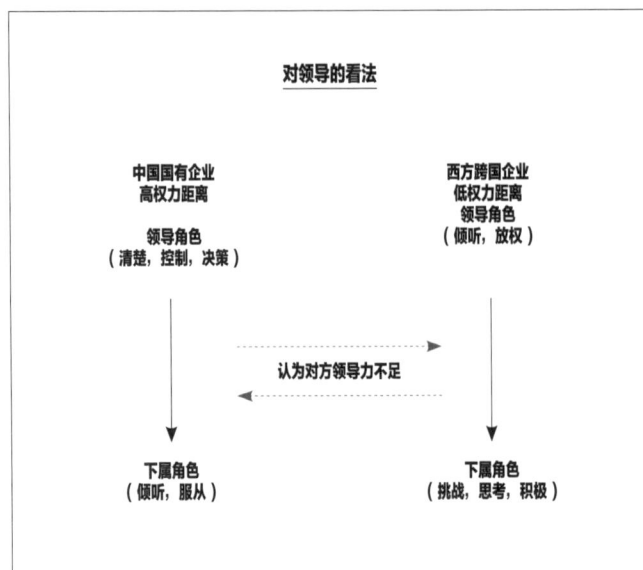

心智模型造成的文化冲突

附《跨文化领导力是企业全球化成功的关键》作者原文

Cross-culture Leadership is a Key to Globalization Success

Daniel is a PhD Candidate at the University of Cambridge. Through his research and as an External Consultant, Daniel has been working with global Fortune 500 companies and Chinese SOEs in various industries such as: tech, retail, financial services, oil & gas, and shipping. Moreover, Daniel is involved in teaching on the Executive MBA programme at the Cambridge Judge Business School.

Abstract: This article presents the reflections on a joint management agreement between two global companies. The two respective companies consist of a Chinese state-owned enterprise and a world-leading Western company within the oil & gas industry. Through a framework of six dominating streams of research on leadership, the authors mapped the conceptualisations of good leadership amongst employees between the two enterprises. These findings, and the observations around the joint management agreement, resulted in an analysis of the challenges encountered on a large-scale cross-cultural collaboration between to multinational companies in China and the West.

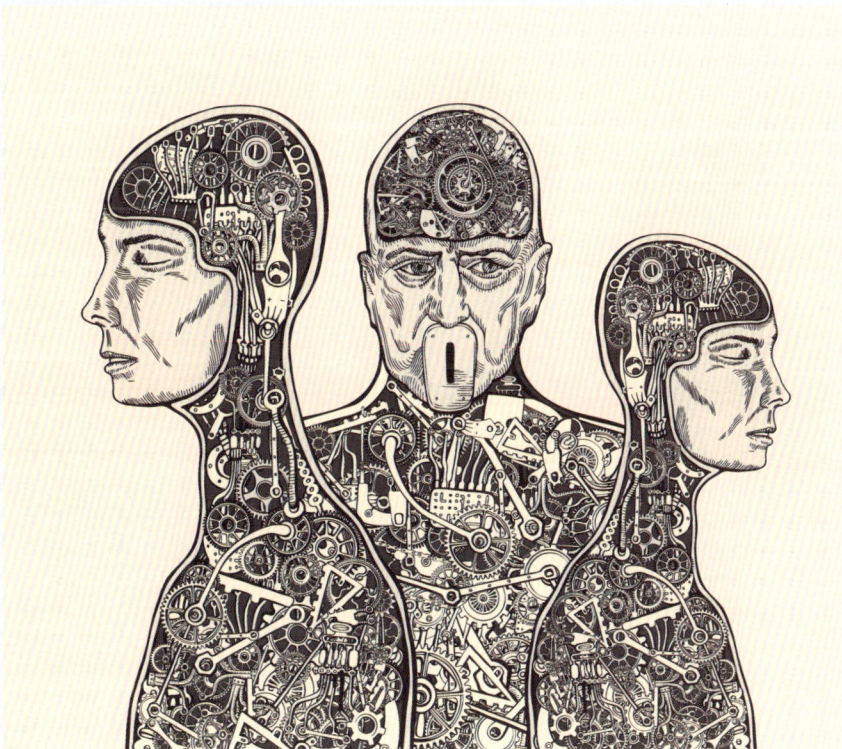

Introduction

Over the past three decades, China has become the world's fastest growing economy. Since the introduction of the "special economic zones" by Deng Xiaoping in 1979 China has moved from "produced by China" serving as the entire world's production hall, to "bought by China" as central a global investor, to "innovated by China" as the new candidate for taking the lead on areas such as AI, electric automobiles, e-commerce etc. Through this journey, China has established itself as a global super power politically, financially, and technologically. By lifting more than 700 million people out of poverty and establishing a middle class of more than 200 million people in less than 35 years, the Chinese market has grown to a scale that is capable of blowing many Western businesses apart.

The Chinese economical growth has involved vast foreign investments, joint ventures, and exports demanding adaption to international practices. Effective Chinese managers must cope with both global and local contexts to succeed, exposing them and their international partners to a minefield of challenges. No other country resembles China. No other country has so many opportunities and challenges. The paradoxical truth, however, is that the strategy for succeeding in China is a strategy for creating global business, in a way that may be happening for the first time in history: the knitting together of worldwide enterprise into a coherent world.

Several scholars have stressed how management education with Western origins has become increasingly popular in China. However, when establishing successful cross-cultural collaborations, the question remains how such educational theories are integrated into the Chinese culture. Various studies have suggested a mutual understanding of leadership practices as a possible key to successful cross-cultural business operations between multinational companies (MNCs) and Chinese state-owned enterprises (SOEs). The problem, however, is that due to the nature of the concept of leadership, this is often easier said than done and many cross-cultural collaborations end up disastrously due to different corporate cultures and mind sets regarding how a successful organisation is supposed to be run.

Six dominating streams of leadership

There is little doubt that leadership plays a vital role in establishing successful cross-cultural management collaborations. Leadership is, meanwhile, a contested term with multiple meanings and diverse practical applications. Exploring the idea of leadership from a psychological perspective reflects our individual and collective emotional experiences with leadership, showing how our feelings shape, how we theorise, perceive and enact leadership and followership. The literature is overloading with ideas and beliefs about what a good leader is. In fact, Dubrin estimates that there exist more than 35,000 definitions of leadership in the academic literature. Yet, we rarely unfold what we mean by the term and instead we tend to adhere to an ad hoc procedure and leadership development becomes subject to arbitrary methods with little evidence of its impact on cross-cultural organisational performance.

In order to navigate in this jungle of theory, we have gathered a framework comprising the research on the leading streams in the field. In modern management theory, following six streams of leadership have been dominating.

Stream1: Individual Leadership
The main body of research on leadership focuses on leadership as an individual process. This stream focuses on identifying the traits of a successful leader. Leaders in this industry have often been associated with four areas of competencies: ① Intensity of vision; ② Meaningful and clear communication; ③ Establish and maintain thrust; ④ Positive management of self (fit strengths and weaknesses to the organisation's needs).

Stream 2: Contextual Leadership
Up until the early 1980s, contingency theories dominated leadership thinking within the field of organisational psychology. Whereas the Individual Leadership perspectives offer 'one best way' to handle followers, contingency

scholars argue that one leadership style depends on the context and therefore may not be effective in all organisational and cultural settings. Scholars under this stream developed the concept of situational leadership and claim that highly effective managers adjust their leadership to different situations through either: telling, selling, participating, or delegating in order to be effective in a particular context.

Stream 3: New Leadership

In the early 1980s, a dominating movement referred to as 'New Leadership' emerged. This leadership discourse emphasised on the role of heroic, powerful, visionary, and charismatic leaders. The term new leader refers to an inspirational figure motivating followers to higher levels of achievement and the super leader to one who is able to 'lead others to lead themselves' often referred to as transformational leadership. Leaders in this stream are personalities such as Jack Ma, Mr. Wang Shi, Steve Jobs etc.

Stream 4: Collective Leadership

Collective leadership happens in senior teams, in project teams, and in boards of directors working together. Researchers in this stream suggest that collective leadership provides a different level of containment and confidence than an individual leader, who is more likely to stimulate dependency responses from followers. Under this stream, the concept of distributed leadership emerged, which relates to the changing post-industrial work conditions that cannot be managed in a top-down, expert 'command and control structure'. Researchers in this field have, for instance, observed how leaders through 'rotating leadership' mobilise participants across organisational boundaries for increasing

innovation performance and avoiding 'silo formations' in the organisation.

Stream 5: Followers

During the late 90s, scholars started acknowledging how leaders and followers co-produce ad sustain each other. In much literature up until this point, leaders and followers have tended to be seen as dualist opposites, with the main focus on the leader. However, due to the rise of an interest of dispersed leadership and autonomous teams, followership gained importance and the dualistic approach was challenged. Researchers in this stream claim that the leaders is nothing without followers and that attempts to diminish the agency of the leader and assert the agency of the follower, if anything, 'raises up the leader'. It is hereby argued that the power of the leader is more a consequence of the actions of the followers than the cause of it.

Stream 6: Post-Modern Leadership

Moving into the twenty-first century, several researchers challenged the value of leadership. They observed that many 'celebrity bosses' were responsible

for the rapid and radical changes that caused organisational destabilisation, and thereby questioned the value of a great and visionary leader. Instead, they argued that middle managers are the ones who achieve the true balance between change and continuity, and that radical change imposed from the top makes this difficult. In consequence, they suggest that the 'heroic' leader who wins the confidence of investors, defeats overwhelming competition, and turn around companies is most often harmful to the organisation, overlook the interplay of social and economic forces and therefore is the reason for many corporate scandals. While reading through these different streams of leadership, you may want to think about what good leadership is to you. What is good leadership in your organisation? What kind of leadership would you wish from your organisation if you could choose? Which leader inspires and brings the best out in you?

Our data

In our work with two global oil & gas companies working in a joint management agreement, we asked the top leaders of the two organisations at a work-shop to discuss how they perceived good leadership. Subsequently, we taught them above-mentioned leadership streams and explored how they would prioritise the streams on a ranking scale. The two respective companies consisted of a Chinese state-owned enterprise and a world-leading Western company. Our aim was to put them through a series of exercises to become more flexible and confident in their management decisions when working together cross-culturally. It was our underlying assumption that when working cross-culturally, a successful collaboration begins with understanding your own conceptualisations, assumptions, and mind-set.

Whilst the conceptualisations of good leadership differed slightly amongst the employees, the general trend was clear. Overall, the Chinese state-owned enterprise associated good leadership with a powerful and heroic leader. Statements such as "the dragon only has one head" and "especially in tough times, we need a strong leader who can help the employees to restore confidence in the future" were uttered. Whilst these ideas seem appealing indeed, the Chinese employees of the Western company had a significantly different conceptualisation of good leadership. They argued that 'more brains are smarter than one' and that 'leadership happens at all levels of the organisation whereby leadership, in consequence, must be distributed'. The overall trends of As illustrated in the Table, the employees in the Western multinational company valued a more flat company structure, where leadership is collective and contextual (low power distance). The Chinese state-owned enterprise, on the other hand, preferred a strong and charismatic leader who can control the company from the top and down (high power distance).

Ranking of leadership streams

Chinese State-Owned Enterprise	Western Multinational Company
1. New Leadership	1. Collective Leadership
2. Individual Leadership	2. Contextual Leadership
3. Followers	3. New Leadership
4. Contextual Leadership	4. Individual Leadership
5. Collective Leadership	5. Followers
6. Post-Modern Leadership	6. Post-Modern Leadership

The idea of a strong and visionary leader can be traced all the way back to Frederick Winslow Taylor (also known as 'the father of scientific management') who introduced the concept of a manager. Amongst many industries, Taylor also revolutionised the car industry, where the work effectiveness was increased remarkably by distributing simple task on an assembly line, as opposed to before where many engineers were responsible for building the car. Especially, Henry Ford was very fond of Taylor and enjoyed the way workers on the lower levels of the pipeline became replaceable, easily trainable, and more effective. In the literature, modern companies such as Amazon and Foxconn are known to be highly Taylor-inspired in their corporate cultures.

The idea of a more distributed and collaborative leadership style can be traced back to Elton Mayo ('the father of human resource management') who changed the management 'science thinking' by suggesting that the physical conditions are less important for productivity. Instead, Mayo argued that what really affected productivity were the physiological conditions around whether workers felt respected. As such, the work of Mayo led to initiatives such as individual development plans, employee benefits, increasing the conditions for spontaneous collaboration, employee satisfaction rates etc. In the literature, companies known to be highly Mayo-inspired are the ones such as Alibaba and Google.

Whilst both traditions of management each hold various benefits; they also possess limitations. The scientific management of Taylor has appealing opportunities for generating effectiveness at repetitive tasks with motivation with simple motivation factors such as money. However, in more innovative job descriptions, this type of management has proven destructive. On the contrary, the more human-centred management style of Mayo has proven highly appropriate for establishing social synergies and developing innovation, but sometimes less efficient due to the time it takes to hear all employees' opinions and ideas.

It is a central point of this article that none of these leadership and management styles are better that any other. Different tasks call for different leadership styles. Good managers know how to balance all of these. The danger in cross-cultural management agreements, however, arises when our mindsets get fixed on one particular style and we fail to consider the benefits of the counterpart's corporate culture. In the literature on organisational psychology, this well-known phenomenon is referred to as 'mental models'. 'Mental models' are shaped by our own experiences with a given phenomenon and makes us less capable of adapting to different mindsets, whereby the possibility for change is blocked. Ironically, in our work with the two oil & gas companies, the result of the clashing fixed mental models was

that each company perceived the other company's leadership style as being weak. The Chinese employees looked at the Western company and thought that the leaders were weak because they asked questions and did not make clear decisions and give clear instructions. The employees in the Western company, on the contrary, would look at the Chinese leaders and think they were weak because they were incapable of distributing their leadership skills to their employees. This cultural clash of the mental models is illustrated in the figure below.

Whilst clashes of mental models like these can be very harmful to cross-cultural collaborations, the good news is that mental models can be changed. It is, however, vital that these differences are clearly articulated in order for the change to take place. Managers must be aware of the possibilities and limitations to their own leadership practice before they can take in and accept other people's styles.

In our work presented in this article, we used a framework entailing 6 research-based streams of leadership to work with the senior leaders and help them articulate the differences of leadership styles in their joint management agreements. This framework had the benefit that all dominating areas on leadership were systematically and transparently discussed. In this way, we did not only map the senior leaders' conceptualisations of good leadership; we also expanded their 'mental models' by providing them with information and inspiration regarding new and different types of leadership, which most of them had not considered utilising before. We generally recommend companies working cross-culturally to be aware of the differing 'mental models' on leadership that may exist across their different offices globally. Only by building up flexibility and understanding between the different organisations, the companies can ensure that the full potential of the cross-cultural collaborations is utilised. In doing so, we found a mixture of teaching on management theory and the '6 leadership stream framework' a helpful combination.

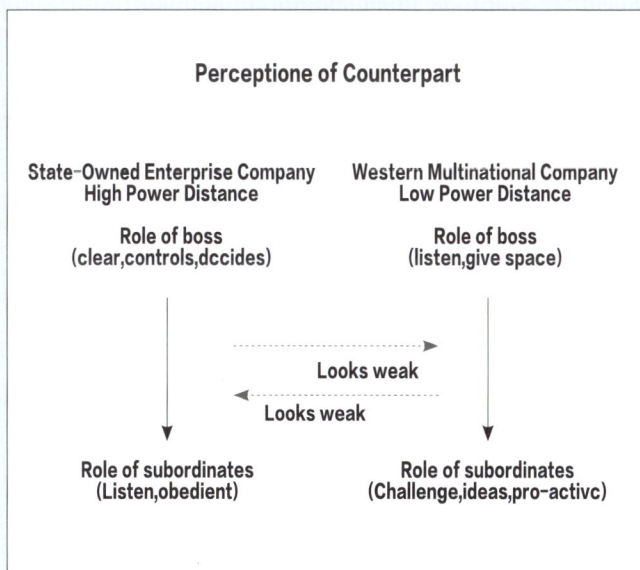

Perceptione of Counterpart

State-Owned Enterprise Company
High Power Distance

Western Multinational Company
Low Power Distance

Role of boss
(clear,controls,dccides)

Role of boss
(listen,give space)

Looks weak

Looks weak

Role of subordinates
(Listen,obedient)

Role of subordinates
(Challenge,ideas,pro-activc)

Cultural clash of mental models

如何利用企业文化打造
员工的"工匠精神"

邵学全 | 企业文化研究者，资深企业文化管理专家

"工匠精神"是一种对自己的产品精雕细琢、精益求精的精神理念，也是一种钻研技能、精益求精、敬业担当的职业精神。它不应只局限在制造行业，也不应只聚焦于技术工人或手工艺人群体，而是应该在各行各业全面提倡的人生态度和职业精神。尤其是在虚拟经济大行其道的今天，它更应作为一种踏实严谨、追求完美的价值取向被弘扬和推行。

从宏观角度说，当今企业需要工匠精神来精益求精打磨产品和服务，提升在激烈市场中的竞争力；从微观角度说，在"浮躁急工"的时代保持专业、认真、踏实和极致的情怀，对于企业也能够起到提升绩效、增加效益的作用。

但是，今天的商业环境毕竟不同于大工业时代的环境，今天各行各业的知识型人才也不同于传统意义上的"匠人"，因此，建设和推行工匠精神，也必须有不同的思路和方法。笔者认为，由于工匠精神的精神层面属性，在管理中通过企业文化的倡导和注入，是树立工匠精神行之有效的方

法。从企业文化对于树立工匠精神的重要意义来讲，主要体现在以下五个方面。

1. 培育"工匠精神"需纠偏商业价值理念。企业缺的不是员工的能力，也不是产品质量标准与质量管理要求，而是缺少诚实守信、勇于担责、追求完美的商业价值理念。在奉行"短、平、快"的商业文化中，应该减少追求"赚快钱"的理念和走靠模仿求短期生存、靠价廉求市场份额的发展路径。

2. 我们要重视企业商业价值的提升。企业应把将产品做好作为企业最

大的责任与义务，为社会和客户提供优良、优质的产品与服务，从粗放走向精准，从规模走向定制，从低端走向高端，从重利润走向重品牌，追求品质第一、品牌至上，以质量求基业常青。

3. 培育"工匠精神"需重塑企业家精神。企业家对公司的定位、对产品的追求从根本上决定了生产产品的质量与高度。特别是劳动分工日益细化后，自上而下的"工匠精神"的传

导变得更加重要。关注企业家精神的重塑，在其生产的源头注入"工匠精神"的核心特质，将精雕细琢、精益求精的精神贯穿于企业经营管理的全过程，从产品的设计、原料的采购、生产流程的改进、质量的管理等环节树立精品意识，从人才的聘用与培养、管理的手段与方法等方面着手不断改进产品质量，最终才能提供具有"工匠精神"的产品。

4. 培育"工匠精神"需尊重匠人

价值。"工匠精神"始终是一种稀缺的品质，甚至成为了情怀的象征。马克斯·韦伯认为，对人影响最大的就是职业，鼓励人们全身心投入到对职业的辛勤劳动中去。西门子集团掌门人冯·西门子说："8000万人口的德国拥有2300个世界名牌，靠的是德国人的工作态度，对每个生产技术细节的重视，德国员工承担着生产一流产品的义务。"要实现从"中国制造"向"中国创造、中国质造、中国智造"的转变，

核心在于人。

5. 培育"工匠精神"需重视知识产权。企业缺少"工匠精神"，不愿在技术和产品上投入大量的人力物力和时间，表面来看是追求短期利益，根源在于知识产权保护的缺位。"工匠精神"不仅仅是对产品日复一日的追求与付出，对品质的坚持与追求，背后更是对产品工艺和流程创新的不断求索。但是，企业生产工艺或流程得不到有效的知识产权保护，可能引来大量企业的模仿，致使企业无法获得与投入对等的回报。长此以往，愿意无私奉献、埋头苦干、开拓创新的企业自然越来越少，"工匠精神"也就失去了存在的土壤。

人们常说，小型企业靠机遇、中型企业靠管理、大型企业靠文化。员工只有深刻理解企业的文化才能坚定信念，才会有强烈的责任感、使命感和危机感，才能够保持思想上的高度统一，在工作中一丝不苟，创造出精品。同时，工匠精神贯彻到企业，最根本的就是要贯彻到每个员工中去，成为企业的核心价值观。"工匠"绝不仅仅是机械重复地劳动、麻木地赚钱，他的行为有着更深远、更有目的性的信仰，代表着一种人生选择。对于企业行为来说，其他企业都在热衷于"圈钱—做死某款产品—出新品—圈钱"，而具有"工匠精神"的企业却在以"对得起光阴岁月、对得起最初梦想、对得起你的信任"的形式十年磨一剑，不断改进、不断完善产品与服务，以一种符合自我追求的高标准前行，需

要更多企业把工匠文化作为未来企业文化建设的重点。

从理念体系的构建和宣贯落地的方法措施方面来说，建设能够塑造和培育"工匠精神"的企业文化就要强化职业培训，夯实产生工匠精神的人力基础；健全政策措施，形成培育"工匠精神"的保障机制；强化价值激励，营造尊崇"工匠精神"的企业文化。具体可以从以下几个方面着手。

1. 建设支撑"工匠精神"的价值观文化

价值观是认识事物、辨别是非的一种思维或价值取向。"工匠精神"的价值观是一种高层次的文化形态，它需要企业实质性的长期激励才能慢慢形成。中共中央颁布的关于人才体制改革的重要文件指出，工人技师可以试行年薪制和股权制、期权制，这一政策给予了专业技术工作人员更多元的薪资和福利形式，鼓励更多人加入

到工人技师的行业中来。让工人技师也有地位及崇高的身价，是鼓励爱岗敬业、锐意进取、专精特新的重要举措，是恢复崇高实业和技术技能的开始。

2. 建设支撑"工匠精神"的管理文化

企业组织必然有自己的做事标准和行为方式，这就是管理文化。精益求精、消费者至上的工匠精神，是企业较为重要的目标及价值观。只有把客户、消费者摆在第一位，才能实现为股东创造价值的目标；只有精益求精，才能把商品和服务做到极致，才能增加附加值。要实现这一目标，就要在管理上采取各种各样的方式方法。其中值得一提的是要管理好，就必须注重科学的流程制度体系化建设，提高员工的规范操作意识。

3. 培养员工对职业的认同感

员工对企业认同感的增强，可以

使两者形成利益共同体、事业共同体以及命运共同体，从而达到员工基于忠诚的自觉遵从、甘心奉献的目的。企业根据员工的具体岗位设计一套推荐方案，在新员工熟悉环境的同时，让其他员工第一时间了解他的详细情况。充分尊重员工的意见和建议，令员工感受到自己主人翁的地位。决策或评价公正、公平、公开，培养出一种彼此尊重、信任、理解、包容、团结互助、通力合作、身心愉悦的和谐氛围。搭建展示自我的舞台，适时地将最困难、最光荣的重要工作交给员工，尽最大努力支持员工，安抚和鼓励员工的失败，充分给予发言的权利等手段，都可以提高员工对企业的认同感。

4. 提供培育"工匠精神"的土壤

在国家提倡"互联网+"战略的大背景下，智能化浪潮正在以前所未有的气势席卷中国几乎所有的传统行业。"互联网精神"加上"工匠精神"，才是一个国家更合理的创新创业驱动力。"工匠精神"不仅要扎实的质量，更需要有开创性的创新。工信部工业文化发展中心主任罗民指出，企业过度追求"投资少、周期短、见效快"带来的短期利益，从而忽略了产品的品质。工厂老板等不及工程师匠艺精神的开花结果，社会也等不得工厂匠艺精神的精雕细琢。这意味着，"工匠精神"所需要的痴迷，不再能得到回报，这就逐步摧毁了"工匠精神"存在的土壤。

5. 不断锤炼技术

不断锤炼技术需要做好以下工作。一是要改革教育，让职业技术教育在国家有更高的社会地位，让工程教育在高等教育中有更大的分量，让实践教育贯穿我们的中小幼教育，提

高技术基础。二是强化对技术工匠的奖励机制，调动工匠人员参与创造的积极性，使其能更充分更安心地钻研技术。三是要营造宽容失败、允许试错的外部环境，特别是要对勇于钻研者撑腰，探索建立创新失败补偿机制，破除在科技创新上存在的"只许成功，不许失败"的老观念。

总之，只有在企业与员工之间形成一种文化与思想上的共同价值观，才能培育出"工匠精神"生长发育的内生动力，厚植于企业的土壤之中，使企业重新拾回久远的工匠传统与价值情怀，并注入与知识经济时代相适应的技艺和理念，用全新的文化阐释、塑造新时代的"工匠精神"，正工匠之心，明工匠之法，践工匠之行，让企业家以及企业中每个人都能崇奉、信仰"工匠精神"，从而推动企业基业常青。

Skilled Practice
5 技术实操

HR 如何推动企业的跨部门协同变革

HR HOW TO PROMOTE CROSS-SECTORAL COLLABORATIVE CHANGE

—— 一个跨国能源企业的案例复盘

春来又是一年，我们又将行色匆匆、踏上征程，可是，在这怡荡的春风里，我们也要"摇荡"一下思绪：在这新的一年，人力资源除了传统的招聘、培训、薪酬绩效、员工关系以外，到底还能做什么？在一个易变的、不确定的、复杂的、模糊的时代，年轻的人力资源从业者如何为企业带来更多的价值？年轻的人力资源从业者如何发展才能脱颖而出，成为同辈的佼佼者？

秦曼 | 苏伊士亚太区组织发展总监，原壳牌石油公司学习和组织发展总经理

2014年，这家跨国能源巨头公司新任的中国区主席，在对中国业务快速巡视之后，和人力资源部门展开了一次深刻的对话。主要内容如下：

"纵观我们在华业务，我们拥有复杂的价值链，从上游勘探开发，一直到下游客户零售终端，我们在华都有业务，尽管在过去多年内我们取得了骄人的业绩，但如果着眼未来世界能源需求的发展，中国无疑将是一个巨大的市场，作为一家跨国公司，如果我们不能够在中国持续成功，何谈在全球的成功？"

全球知名人力资源管理咨询专家戴维·尤里奇将 HR 的发展归纳为四个阶段。阶段一：人事行政管理。阶段二：最佳人力资源实践，包括招聘、薪酬激励设计、培训、沟通等。阶段三：战略人力资源，即如何将各种人力资源实践有效整合支持业务战略。阶段四：所谓的"由外而内的 HR"，即如何帮助组织应对外在环境变化，从而成功引领变革。本文要讲的案例，是属于第四阶段，由人力资源部门主导，成功推动一家跨国企业实现跨业务部门协同战略变革的一个实例。

案例背景

2010 年是划时代的一年，英国作家马丁·雅克的书——《当中国统治世界》一经问世就在世界多个国家荣登畅销书榜单，它可以说标志着一个新的时代与世界格局不可避免地到来。正如马丁·雅克所说："中国的崛起将改变的不仅仅是世界经济格局，还将彻底动摇我们的思维和生活方式。"此后，2017 年是另一个里程碑的一年，在美国总统特朗普开启他的亚洲之行之际，美国《时代》周刊公布了它最新一期杂志的封面，上面用中文和英文两种语言写着"中国赢了"（China Won）。其文章《中国经济是如何赢得未来的》中写道："如今，中国已经成为全球经济中最具实力的国家，而美国则甘居第二。"

这样的一个大时代，为本文案例的发生提供了这样一个经济背景。案例企业所处的能源行业在过去 30 年间，发生了格局性的变化，能源消费量的引擎从发达国家转移到了中国。中国的人口增长、城市化扩张等带来源源不断的能源需求。

但现实是该公司的各个业务线单独运作，直接向全球汇报，虽然在中国一个屋檐下，即使高层之间也无关于业务的深入合作。在放眼整个价值链的同时，他提出了以"实现端到端价值链的最大化"为核心的新战略，其本质是打破组织边界，实现跨业务线跨部门协作，最大化整个组织利益，而不是仅仅满足实现各自业务线的计分卡。

是的，在一个"乌卡"时代（VUCA 时代），我们很难预测利润未来如何在价值链上流动，但我们感兴趣的是总体价值链上的全部利润。而要做到这一点，不是一个独立的业务线，一个部门能够单独完成的，必须要跨越界限的合作，而这正是一个一体化公司与众不同的竞争优势。最后，这位中国区主席提出了明确的要求："我们需要改变做业务的模式和工作方式，时不我待，我们需要加速变革的实施！"

怎么变革？

变革模型

变革管理一直是企业管理和人力资源管理的一个热点话题。戴维·尤里奇从 20 世纪 90 年代就提出了人力资源作为业务伙伴的框架体系，其中之一是将人力资源定义为变革的推动者（Change Agent）。在多年研究实践基础上，近期又提出了未来人力资源必须具备的六大能力，其中之一就是引领变革（Change Ahampion）。如果你愿意，可以在网上书店里搜寻到成百上千的各种关于变革的书籍、理论和研究。而变革，与其说是一门科学，不如说是一门艺术，更不在于"知"，而在于"行"。

"行"的第一步，就是要根据实际情况选择和确立变革模型。首先，从最简单直观的 STAR 模型看起，战略的变革，不可避免需要组织能力其他要素的变革相配合，我们首先做了以下几个层面的工作。

组织层面：我们选择了矩阵式组织架构，这某种程度上是不得不做如此的选择。我经常听到甚至是来自高层的抱怨：你们 HR 把组织结构搞得太复杂，阻碍了我们做业务。殊不知，没有一种最优的组织架构能够解决所有问题，这更多的是业务发展到一定阶段的必然选择。在这种矩阵架构中，一方面，通过专业化职能部门管理，加强竞争优势；另一方面，采纳业务线—职能—区域多维矩阵组织结构。

流程层面：作为大公司的通病，流程繁复，这就更需要在变革之际鼓励开放式讨论，确定业务优先级并合理分配资源。

激励层面：提倡并激励围绕价值链的协作与整合。

人员层面：任何变革都是对人才尤其是领导者的巨大考验，在新的形势下，我们需要的是具有影响力，能够协同和整合的领导人。

其次，经过反复思考，我们选择了一个全新的变革模型：

机会 (Opportunities) ×	**Opportunities** 即机会， 一起认清现状全貌，寻求变革的机会；
远景 (Vision) ×	**Vision** 即远景， 共同描绘未来可能的美好画面；
第一步 (First Steps) ＝	**First Steps** 即迈向远景的第一步， 所谓"千里之行始于足下"。
成功 (Success)	

在组织中需要人们在此三方面达成共识，才能使变革真正发生。而这需要来自不同业务的多维度多视角信息同时呈现，共建一个战略信息数据库，大家才有可能据此共同描绘出共同的未来，同时激发达成一致行动的协同。这其中任何一项为零，结果都将是零。

所以，接下来要考虑变革的方法。

变革方法

传统的变革方法通常有四种。

（1）自上而下的策略。

既然高层已经指出"我们需要什么改变"，通常做法就是：召开大会，领导人诠释"我们为什么需要变革？变革什么？期望各级如何参与变革？"，然后通过各种内部刊物和沟通渠道不断宣讲新的战略计划并定期报告进展。但现实是绝大多数人仍然感觉不清晰，对变革充满困惑，其实根本原因是缺乏主人翁感，因为他们从未被咨询或邀请同行，因此很难建立起变革时所需要的绝对承诺。

（2）自下而上的策略。

这种策略来自 20 世纪 80 年代"赋能"运动。前沿的团队被"赋能"而变革，往往一个个团队单独行动，也许他们能创新地解决一些迫切问题，短期效果显著，但由于往往缺少大背景和必要的协作，所以只能局限于解决零星问题。

（3）跨部门 / 跨事业线的代表策略。

通过招募跨部门 / 跨事业部的代表以各种委员会或工作组形式引领变革，但如何使组织的更多部分参与其中还是个问题。

（4）"试点"策略。

领导选择某一组织做试点，在提供清晰任务和充沛资源情况下实施局部变革，起到示范作用。但在推广过程中，我们往往听到"这不适用我们这里""我们这里情况不一样"等抱怨。

但以上四种方法均不能很好地实现我们快速、广泛、彻底实现成功变革的目的，相对市场的变化来说，它们太慢了，起不到根本性的变化。那我们该如何做？在经过两个多月的前期工作，包括各级领导访谈、了解各个业务线现状及未来战略之后，我们设计了为时一天半的变革大会，将变革模型的各个因素融会其中，以催生变革的条件。变革大会有以下几个重要环节。

（1）通过技术与创新实现"实时"战略变革。

想象一下，你进入一个巨大的会议大厅，有讲台有麦克，120 多位高管聚集在这里，尽管在一家公司工作，他们中间很多人却是第一次见面，但是每一个被邀请的人都是肩负着某个关键业务的总经理以上的高层管理，他们来自各个区域，具有不同的文化背景，却都拥有着丰富的商业经验和商业智慧。如果大会仅仅是在一个大学阶梯教室里上课一样进行，那太遗憾了。关键在于如何给每一个人机会，贡献他们的观点，深度参与，共同影响公司的未来。技术与创新使曾经的"不可能"变成了现实：在有效引导下的 iPad 会议的成功运用使实时互动成为可能。这再次体现出戴维·尤里奇指出的 HR 作为"技术的拥护者"的重要性。

（2）讲述我们的故事。

这是会议开始不久的一个环节。每一个参会者都在本小组中，与来自不同业务线 / 部门的同事分享过去一年中我们业务的故事：引以为豪的业绩，遇到的挑战和未来可能的机会，以及对此次活动的期望。大家在建立信任的同时打开了看业务全貌的一扇窗。

（3）最高领导层眼中的世界。

在这个环节中，各个事业线 / 职能部门最高层领导受邀到台上，做非正式的演讲，没有简报，没有 PPT，他们被要求以非正式的简短演讲，诚实勾勒出业务现状，未来的远景及战略。通过这种对话的方式传递出信息，诚挚邀请参会者给予反馈评论和建议。通过最高层眼睛看世界，所有与会者将视野提升到从全球大格局中看中国业务的现状与未来，使战略不再是生硬呆板的数字与文字，而变成活生生的存在。同时，参会者通过积极

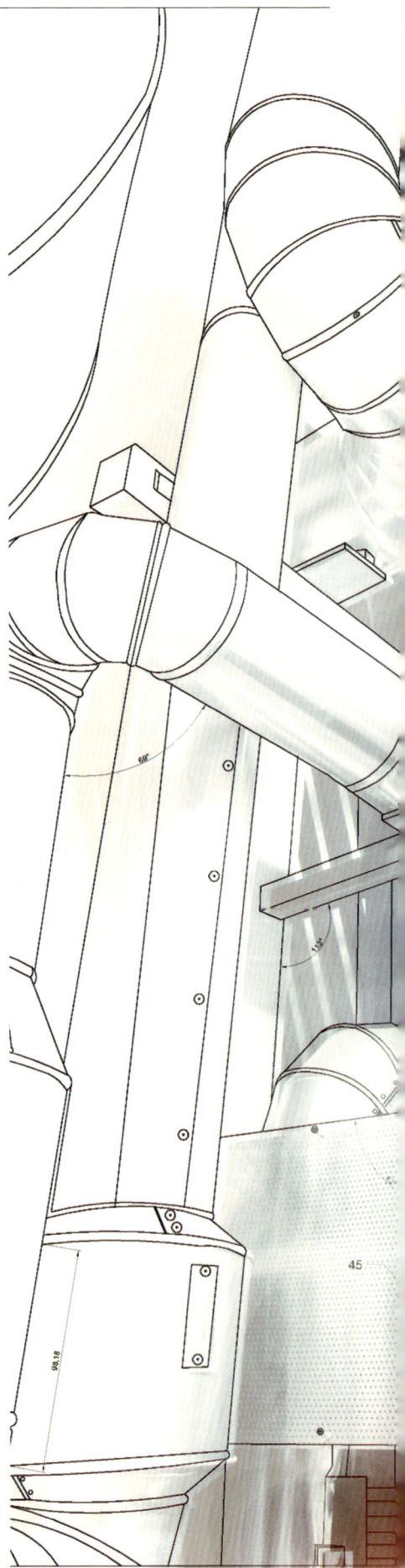

75gg

DFR 43567

聆听，思索着准备求证的问题。

（4）跨业务线"世界咖啡"。

著名的"世界咖啡"（WorldCafe）会议模式的主要精神就是"跨界（Crossover）"，"世界咖啡"由不同专业背景、不同职务、不同事业部，不同部门的一群人，针对事先定义好的数个主题，发表各自的见解，互相意见碰撞，以包含意义的深度会谈，激荡出更多人内心的无尽智慧并激发出意想不到的创新点子。让参与者从对个人风格、学习方式和情感智商所有这些我们惯用的评判人的方式的关注中解放出来，使人们能够用新的视角来看世界。在深化对各个业务线的深层次理解上，提供建议评论，寻求跨业务合作的机会。这一环节结束后，所有参会者被邀请通过iPad（苹果平板电脑）发送你认为的可能的协作机会在哪里？在短短的30分钟之内我们收到127个关于协作机会的建议。

（5）来自外部环境的紧迫感。

正如一位参会者在反馈墙上分享的，大公司的通病之一就是在内部消耗太多的时间与精力，而忽视了外在市场及客户的变化。我们特邀阿里巴巴分享了"互联网时代下商业模式的探讨"。这是东方与西方的碰撞，这更像一个朝气蓬勃、意气风发的年轻人与一个饱经沧桑辛辣睿智的长者之间的对话，一个谈的是各种可能，一个讲的是风险防范。印证了那句话：在中国每件事都是难的，但万事皆有可能；在欧洲，每件事似乎都是容易的，但却没有一件事是可能的。这种碰撞是积极的，一位参会者如此反思道：

"来自阿里巴巴的故事很有力量，我们需要重新思考业务模式，改变我们的工作方式。"

（6）协作实践分享。

由正在运作的跨事业线协作团队分享了一个真实案例实践，包括协作的背景、其中的挑战和问题、他们的经验与教训、目前取得的成就，以及哪些方面还须进一步深化等。关键是讲了一个真实的故事，没有掩盖和粉饰，包括积极的部分和消极的部分，美好的部分及丑陋的部分。好像向在座所有人举起一面镜子，透过其中，人们可以看到真实的自己，看到自己的渴求、自己的狭隘、自己的情感问题及竞争的需求。不可回避地大公司内的政治问题被拿出来公开讨论。任何大公司都有政治，因为大公司的存在就是集中权力，而权力就意味着政治。在座的高管在如此透明的交流中，不断反思，发出感慨："内部政治令人汗颜！"

（7）集中的交互反馈。

在一天半的互动中，参会者建立起了基本信任。第一次，各个业务线的代表们重新回到了自己的团队。他们被分配到各自的会议室，彼此分享所听、所学、所思、所感。同时经过集体讨论，向其他业务线部门提出了反馈与诉求。在短短的40分钟内交互反馈达到137条之多，接下来每个业务线在团队内部共同消化来自其他业务的反馈与建议并准备在下一个环节公开回应。

（8）输出与结果。

在会议接近尾声时，我们做了一个回顾，共收到127个跨业务线协作建议，137个业务线之间的反馈与回应，130条实时互动和60多条评论。在会议最后环节，由全体参会者投票选择，最高领导层决议，通过了在三个重大领域实施跨业务线协作的决定，迈出了变革的第一步，最终走向了成功。

回顾、复盘整个跨部门协同变革项目，我们总结出变革成功的三个关键要素：创新的设计、成功的引导和持续的跟进。特别需要强调的是正确的变革模型和好的变革方法只是一个艰难旅程的开始，后续跟进落地才是关键。但是，既然已经打开了变革"潘多拉"的盒子，同时提升了人们的期望和责任，就很难再将一切送回盒子中去。变革的过程也会创造一种合力，推动变革的进行，因此，一旦开始，就要勇往直前。

每到岁时交替，我们总难免感慨：时间都去哪儿了？回想我在HR职业道路上已近二十个春秋，在能源与医药行业服务于多个大型跨国公司，曾经有幸赶上了中国改革开放最快的发展时期，也曾经见证了一个组织在中国由几十名员工迅速发展成几千人成熟企业的奇迹；经历过欣欣向荣的鼎盛时期，也经历过潮起潮落的市场低谷。如果可以给年轻的同人们分享一点感悟的话，那就是：选择HR这个职业，就是选择了终身学习的旅程，也许来路坎坷，也许前路曲折，但最美之处是你会阅人无数，并领略到沿途无限的风光。

"边打边建"的迭代领导力项目实践

郑春国 | 阳光电源股份有限公司 人力资源中心 组织发展经理

每个岁末年初的工作总结中，所有人力资源部门都绕不开一个问题：

今年的人才培养项目花了这么多钱，怎么证明项目有效？关于这点，我们有很多时髦的新理念或工具：从四级评估、ROI（投资回报率）分析，到绩效改进、行动学习、混合式学习，乃至请咨询公司做完整的人才发展体系建设，但似乎都不能很有底气地回答这个看似简单的问题。

前

段时间，一篇《为什么90%的领导力发展项目都是低效的》的微信文章刷屏，也让相当多从事人才管理工作的HR感到绝望。如果仔细分析这些方法、工具或项目，会发现它们都有一个显著特点：人力资源部门在缺乏必要分析和业务部门深度参与的情况下，依靠乙方咨询公司或内部培训团队，就发起培养项目，无法真正落地应用到工作中，结果不言而喻。

在如今快速变动的时代，企业对人力资源管理有效性和及时性的要求在不断提高。人力资源部门需要清醒地意识到，自身价值应由业务体现，而非自我陈述；同时要由原来的管控思维变成运营思维，把人力资源管理工作当成产品来运作。

人才管理与人力资源管理

很多人力资源从业者会有一个误解，就是把人才管理当作某个单一的人才培养项目来运营，而不是对"人才"群体进行管理。这是导致目前人才管理局限于素质模型、人才评估、人才培养实施的根本原因。因此，我们首先必须明确"人才管理"和"人力资源管理"之间的关系，才能抓住问题症结。

关于这一点，要从人才管理的起源说起。人才管理这一概念出现于20世纪90年代，许多企业以此来招募、发展和保留人才，通过人才来驱动公司业绩。进入21世纪以来，随着经济发展，业内对人才管理有了不同的定义。

莫顿（Morton，2006）描述了人才管理活动的八个类别：招聘，保留，发展，领导力开发，绩效管理，雇员反馈/测量，人才规划，文化。

菲兹-恩兹（Fitz-enz，2005）认为，人才管理囊括了六个人力资源服务：聘用与安置，领导力发展，继任，绩效管理，培训和教育，保留。

法利（Farley，2005）提出，人才管理是发挥员工价值的一套流程，因而它定义的核心议题就变成了"吸引、聘任、培养和保留人才"。

不论是哪种人才管理形式，人才管理方向和人力资源管理的终极目标"人岗匹配"是完全一致的。也就是说，人才管理也是解决人岗匹配问题，不过它的出发点是"人"。

现在人力资源部门实施的领导力发展项目，目标是为了满足人力资源六大模块中"培训与发展"的管理者培训需要，关注的是"岗位"。但在快速变化的VUCA（易便、不确定性、复杂、模糊）时代，岗位职能变化太快，导致固化周期缩短，原先那种周期性培养项目的弊端就凸显出来。

周期性人才培养项目的三个主要弊端如下。

（1）人才标准由于搭建有一定的周期性和技术性要求，导致与业务快速变化要求脱节。
（2）人才的培养过程，业务部门的参与度不高，主要由HR主导，无法实时看到效果。
（3）大部分人才培养项目，由于资源限制，培养的均为通用管理技能，似乎用处不大。

新的人才管理模式：边打边建

"边打边建"的迭代领导力项目，或许可以较为有效地解决当前这一矛盾。之所以将其定义为"边打边建"，主要基于以下两个前提。

一是在业务快速发展阶段，我们其实没有足够时间去充分地探讨和确认业务用人标准，只能是"不断试错"。二是人的成长，本质上是不断自我反思和接受新挑战的集合，属于"急用先行"，不能寄希望于每个人都有强大的自驱力。

而现行的大部分领导力项目的假设前提是：业务对人的要求相对明确，同时参与者的意愿较高。这时，很明显的分歧出现了，这也是人才发展工作一直被业务部门诟病的根本原因。

明确问题所在后，"边打边建"的迭代领导力发展模式就可以定义为：通过不间断的、周期性的（月度/季度/年度）及时跟随，聚焦业务重点变化，匹配对应的培养方式。它对企业人力资源部门提出了三个基本需求。

第一，业务部门的关键性业务重点及工作方向调整，人力资源部门应通过有效渠道指导。第二，对于业务的变化，人力资源部门可以用专业工具将其转化为对本部门工作的相关要求。第三，分解人力资源要求，将其中关于人才发展的要求落地为具体动作，尽量以"多、快、好、省"的标准去设计解决措施。

从根本上说，人才发展其实是整个人力资源管理体系的联动，而不是单一的"培训与发展"模块。因为人的需求层次是多样化的，所以切不可把人才管理项目当成培训项目来操作，否则，结果一定会被质疑。

项目实施的
三个"规定动作"

"边打边建"的迭代领导力发展项目定位于"解决从技术专家到管理人才的落差",在实施过程中,需要遵循以下三个"规定动作",以实现VUCA时代对人才需求的最直接满足。

1.建标准

"人岗匹配"意味着岗位对由谁承担是有标准的,但由于业务发展速度太快,这个标准是动态变化的。很多人会不解:动态变化的标准还能称之为"标准"吗?当然可以,而且必须优先确保标准的建立,没有它作为基础,项目后续的所有动作都将缺失依据。

这里从实际操作出发,结合岗位分析、任职资格、素质模型三项工作之间的关联点,归纳山标准的建立方法。

找重点 组织所有该岗位相关人员,包括岗位现有在职人员,进行发散式讨论,通过引导,明确该岗位4~7项重点工作。工作任务重要性评分表,如表1所示。

表1　工作任务重要性评分表

任务	1	2	3	4	5
任务 1	√				
任务 2					√
⋮					
任务 n					√

注:当任务超过 7 项时,意味着需要重新进行讨论打分,直至完成 7 项工作任务界定,目的在于引导业务部门管理者找到关键影响点。

找任务 对该岗位 4~7 项重点工作进行具体分析,为了便于直观看到所有具体任务,可以考虑采用

DACUM(教学计划开发)分析工具,如表 2 所示。

表2　DACUM 分析量表

职责	任务(Tasks)							
	1	2	3	4	5	6	—	—
客户管理	客户信息收集和建档	客户梳理	明确重点客户	新客户开拓	客户关系维护	危机公关	—	—
项目管理	销售回访	销售回款	合同管理	备货/协调资源	招投标	重点项目推进	销售预测	—
市场分析	自身分析	市场容量分析	竞争对手分析	市场策略	—	—	—	—
⋯⋯	⋯⋯	⋯⋯	⋯⋯	⋯⋯	⋯⋯	⋯⋯	⋯⋯	⋯⋯

找关键 此处"关键"指通过可复制性与业务关联性两个维度,对比分析出不超过 10 项关键任务,如表 3 所示。

表3　关键任务界定示意表

可复制性	5	—	—	—	关键任务	关键任务
	4	—	—	—	关键任务	关键任务
	3	—	—	—	关键任务	关键任务
	2	—	—	—	关键任务	关键任务
	1	—	—	—	关键任务	关键任务
	—	1	2	3	4	5
				业务关联性		

注:具体的界定维度,各公司可根据公司情况,设定不同的二维矩阵进行分析,本表为作者内部研讨确认分析维度,仅供参考。

建模型 对比关键任务,可采用"卡片式建模"法快速形成第一版可评估模型,并根据企业实际情况,编制评估方案以实施评估。其中最简化的评估方式为,直接采用"李斯特量表"模式对相关人员进行评估,可以粗略分析出其当前能力与岗位胜任力之间的差距,并导向所需的培养方法。

卡片式建模:一种快速建立关键岗位能力素质模型的方法,通过对基于某一个咨询公司相对完整的能力指标库,采用层层聚焦的研讨方式,将能力素质建模从问答题变成选择题,使公司管理层、业务部门、HR参与建模过程。该方法的优点在于:有利于模型的宣导和落地应用,内容和方式较为灵活,同时有利于根据业务发展情况进行微调。

这一阶段是"边打边建"的迭代领导力发展项目的关键步骤。人力资源部门需要明确,标准要快速适应业务模式,在动态调整中逐步明确对人的需求和定位。在管理过程中,更多地应聚焦业务当前需求,强调即时性以及人才与业

务的匹配度,在讨论中适当进行前瞻,而不是过度关注所谓的针对性和准确定位。

2. 做评估

此处评估并非通常意义上根据标准进行的人才评估,而是基于标准进行的人才管理的框架模型——5B 模型。5B 模型为企业的人才管理提供了一套相对全面和有效的应对机制,具体包括外购(Buy)、内建(Build)、留才(Bind)、借才(Borrow)、淘汰(Bounce)。

在本阶段,人力资源部门需要配合业务部门,对上一阶段形成的人才标准(能力模型)进行以下两个具体落地操作。

区分能力 即上述模型中的能力,现有人员是否具备?如果具备,在什么状态和水平?也就是说,人力资源部门要组织进行一次对现有人员的评估,找到他们需要补充或者提升的能力。这个动作相当于通常人力资源部门说的"人才盘点"。

界定能力来源 这一操作事实上和上一动作基本同步,即对上述模型中的能力从"能力习得难易度"和"市场稀缺度"两个维度去界定采取 5B 模型中的某个动作,抑或是多种动作相结合,如表 4 所示。

表4　　5B 模型界定示意

市场稀缺度	5	内建(Build)借才(Borrow)	内建(Build)借才(Borrow)	内建(Build)	内建(Build)	内建(Build)借才(Borrow)
	4	借才(Borrow)	借才(Borrow)	借才(Borrow)	内建(Build)	内建(Build)
	3	内建(Build)	内建(Build)	借才(Borrow)	外购(Buy)	外购(Buy)
	2	借才(Borrow)	借才(Borrow)	外购(Buy)	外购(Buy)	外购(Buy)
	1	淘汰(Bounce)	淘汰(Bounce)	外购(Buy)	外购(Buy)	外购(Buy)
	—	1	2	3	4	5

能力习得难易程度

注:操作要点:①基于岗位而不是人进行评价;②打分时,最好 HR 与业务部门共同讨论打分。

从这两个维度进行界定的原因在于,考虑技能获得时间成本和市场的获取难易程度,综合判断采用合适的人才管理动作。

之所以同步两个操作,是因为人力资源或业务部门的目光通常过度聚焦于"内",但由于内部资源的有限性,很多需求必须诉诸"外"。而且,本阶段更多的是人力资源部门的整体联动,和单一的人才发展项目对业务所产生的价值是完全不同的。业务部门和人力资源部门通过探讨,共同明确了后续的管理动作和方向,在目标一致的基础上,能够更好地配合完成对业务的人才管理动作。

3. 定培养

经过分析、对标后,可以确认某项能力是企业需要人才具备的,而且暂时也无法通过外部购买得到,所以此时我们唯一可以采用的方法就是内建(Build),即人力资源部门通常意义上的人才发展项目,大部分领导力项目关注的也正是这一阶段。在该阶段,重点在于培养动作的设计一定要结合参与者的实际工作,可以考虑以行动学习为主体的混合式培养模式,结合"在线学习系统、微信平台、学习 App"等形成"互联网+"立体学习布局,让培养项目参与者和业务部门管理者能做到"随时随地"地了解自己的成长进度。至于具体如何开展项目,市面有大量方法供参考,笔者不再赘述。

当完成上述三个阶段工作后,"边打边建"的迭代领导力发展模式实则已经开始动态满足业务对人才的需求目标。这一模式解决了两个基本问题,一是及时回应业务需求,二是让业务部门深度参与对人才的定制化管理。基于此,人力资源部门才能有底气说出"业务部门经理是第一人力资源经理"这句话,从而得到业务部门的认可。

Case Analysis
6 案例解析

17万员工的京东如何培养管理者

HOW DO EMPLOYEES' JINGDONG CULTIVATE MANAGERS

京东，十三年砥砺前行，取得跨越式的发展，连续两年入选《财富》世界 500 强排行榜。5 年内员工人数由 2 万人逐步发展到今天的 17 万人，其中包含近 8000 名管理者，面对这样急速裂变生长的组织形态，如何使管理人才的培养跟上企业发展的速度呢？

培养京东

8000名管理者，挑战在哪儿？

图1 京东4S人才理念

京东最有魅力的地方就是发展速度，内部人员常说："在京东，地球一天转两圈。"面对业务的发展速度与变化，短期内仅靠外部招聘补充，很难满足大量的人才缺口。

因此，在京东秉承的4S人才理念如图1所示。

STYLE

寻觅"京东范儿"，我们要挖掘的就是有着鲜明京东烙印的人才，也立志培养这样的人才。

STAGE

不管你是谁，优秀就有舞台。京东为人才提供充分和平等的发展舞台。

SPEED

京东最有魅力的地方就是发展速度，我们内部常说：在京东，地球一天转两圈。京东不但让人经历各种挑战和压力，同时也给予试错的机会，每人都可以加速度成长，京东的人才发展体系让人才和京东快速成长。

SUCESS

从事同样的工作，收获不一样的人生。京东给人才提供的，不仅是工作，更是有其价值的人生，收获与公司共同发展壮大的职业成就感。

京东以 "成长成就京东人" 为核心理念，

在人才方面，4S 人才观是对京东人才理念的最好概括。

关于人才任用，《京东人事和组织效率铁律十四条》中明确提出两条原则："back" 原则和"七上八下"原则。

其中，**"back"原则**要求所有总监级及以上管理者入职一年内要找到至少在三年内可以继任其岗位的候选人。而**"七上八下"原则**则针对价值观良好，能力达到目标管理岗位任职资格要求 70% 以上的内部员工，尤其是年轻员工，大胆地予以提拔和任用；同时针对成熟业务及体系的经理级及以上的管理岗位空缺，坚持内部优先的原则，要求 80% 以上通过内部提拔。目的是给予内部员工更多的平台、土壤和资源，来培养京东自己的核心管理队伍。

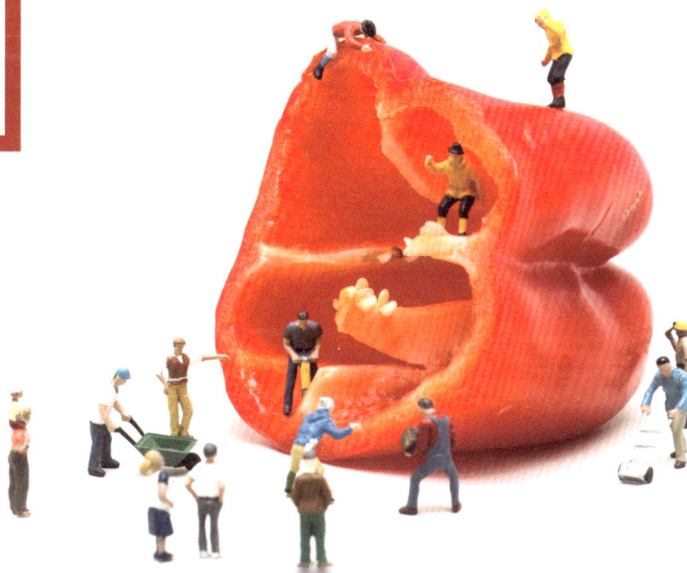

授 × 赋 × 激 × 找边
权 能 活 界

管理者的内向生长体制，
形成三个京东内部管理者的共性特征

1. 年轻化

"80 后"的管理者占比 73%，"85 后"的管理者占比 33%。

2. 七分熟

根据"七上八下"原则，70% 胜任能力的人才即可提拔为目标管理者。对于只有七分熟的管理者而言，面对闪电般的角色转换时，会遇到哪些管理挑战呢？又该如何解决？这意味着需要找到一种方法，加速管理者成长，保证越来越多的管理者能够为各层级岗位做好准备，并且胜任这个岗位。

3. 差异大

从基层主管到 VP（副总），从完全内升式人才到各路"空降兵"，各层级管理者面对的管理挑战不同，各事业部发展成熟度的不同，这意味着同一职级的管理者的能力差异较大，管理能力的提升发展各有不同。举例来说，同一职级上的管理者，因业务差异化，团队管幅最少有 10 多人，最多可能至上百人。

此外，京东推进原有管理向授权式管理变革，创新性地提出"授权、赋能、激活、找边界"的组织管理机制。为让一线业务团队更敏捷、更快速地适应瞬息万变的市场，大尺度授权一线管理者更多参与决策的权力，实现决策的决断，促进效益提升。

因此，京东内部很多业务管理者的财权、人事权和决策权及业务授权范围非常大。掌控千万元至上亿元级别的业务决策权，在京东的高级经理和总监层级是非常普遍的现象。

这意味着对管理者提出全新的能力要求，他们需要在高速发展的道路上，在复杂的环境中不断直面挑战与突破，带领多样化的团队共同实现战略目标，取得巨大成就。

快速助推 8000 名管理者同步、同速发展，并且有效锻造全集团范围内可持续成长和灵活配置的人才梯队，不仅能战胜今天挑战，而且可斩获未来机遇，让更多的业务领军人才脱颖而出。这对于京东大学乃至整个

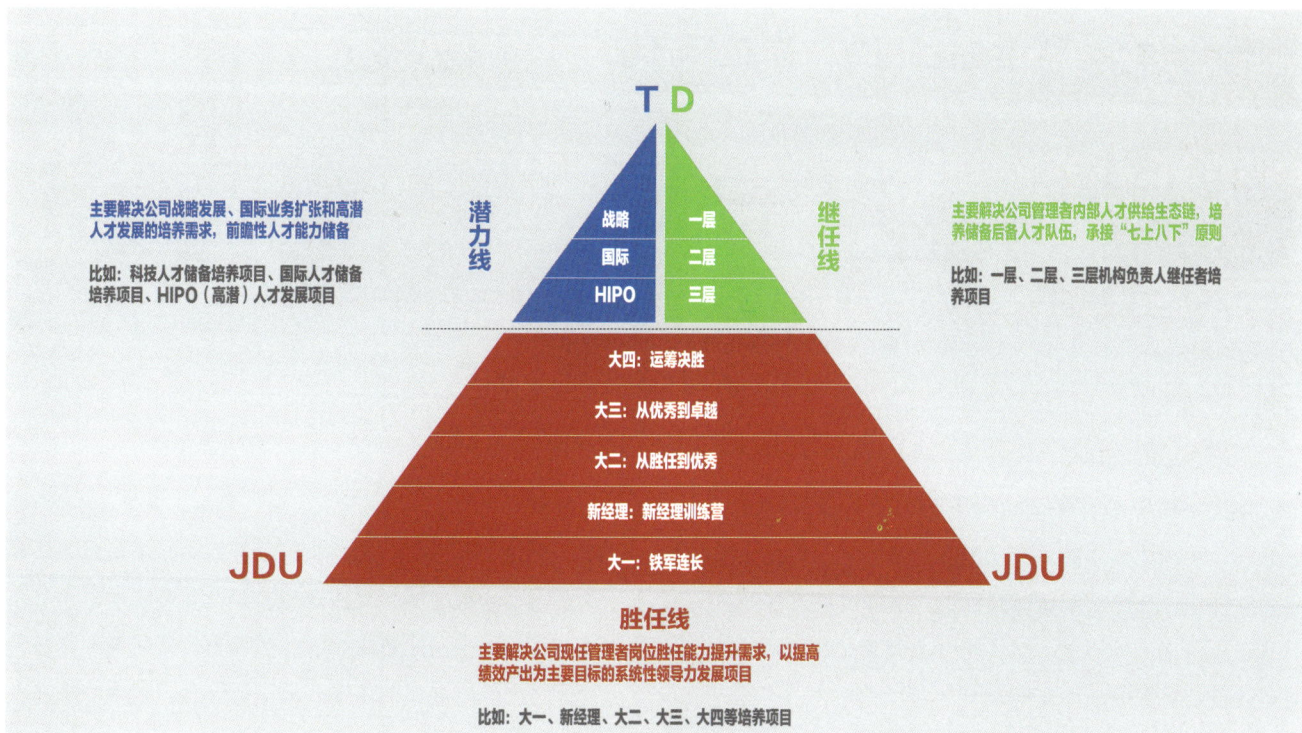

图2　京东人才培养系统

京东而言，都是一个极具挑战性但必须达成的目标。

面对挑战，体系化领导力培养势在必行

很多领导力项目在开发推动过程中没有达到预期的效果，是出自于各种领导力培养项目过于凌乱，缺乏对各层级能力的一致性和阶段性分析与针对性培养内容开发，导致各级管理者缺乏统一的管理语言，在能力发展过程中也缺乏对培养逻辑的梳理。

2015 年年底开始，京东大学基于组织及战略发展的动态需求及相应对各层级管理人才领导力发展需求，依据胜任线、潜力线及继任线逐步搭建了管理人才体系化、阶梯性的培养系统，如图 2 所示。

战胜今天的挑战

基于京东的企业发展阶段性特点和管理特点，京东大学首先着眼于"胜任线"搭建系统化领导力课程体系，

从调研到勾勒出各级管理者画像，形成京东特色的管理者模型和培养逻辑，再到搭建课程体系，依据各层级管理者领导力发展脉络和京东业务管理要素，设计基于以能力结构、岗位、当前管理挑战为依据的课程内容，以管理自我、管理团队、管理业务为主线，搭建一个可持续、阶梯式的核心领导技能发展体系。确保管理者配备相同的领导工具、能力和领导行为。京东大学项目团队以"京东速度"调研、首演、复盘、迭代同步进行，仅用了半年时间完成所有大一至大四共含五个子项目的"领导力进阶"体系化领导力发展项目。

2016 年，该项目在全集团范围同步启动实施，实现当年面向所有管理者能力"取齐补平"式的大面积人次覆盖。

2017 年，基本实现项目内容标准化、课程案例京东化、实施过程定制化的目标。这一举措为后续"潜力线"和"继任线"人才培养奠定了基础。

图3　领导力体系海报合集

依据 70/20/10 法则，设置混合学习路径同时通过班级化运营，达到了促进集团范围内跨体系、跨职能的平台化协作。在全面实施的过程中，提炼出京东管理者们成功经验中好的做法，边实施边迭代课程案例及教学方式，进一步沉淀了丰富的领导力培养经验。

基于"领导力进阶"项目启动前期全面且深度的调研，坚持以实际管理挑战问题为起点，回到实际管理应用为终点、为目标。两年来，项目实施结束后针对学员的领导力发展变化，依据第三方机构进行 360 度全面评估，评估维度包括自我评分，学员日常管理行为的上级、平级和直接下属的观察反馈。

94% 的学员赞同，通过学习领导力进阶课程，自身领导力角色有了更高的要求和责任感，自身领导力的提升对团队产生多方面积极的效果，如敬业度、参与度、工作满意度等。依据 22 个相关行为转变评估，综合数据反馈：管理者整体领导力提升了 25%，有效领导

行为整体出现频率提升 32.4%。同时，90% 学员观察者（上级、平级、下属）认可领导力进阶项目对团队产生多方面积极效果，并梳理了领导力更高标准，提升了京东领导力梯队的整体水平。管理者因领导力的提升，而促进团队内成员的协作、促进团队生产效率的提高、增加团队收益等，有效领导行为整体出现的频率提升了 16%。

斩获未来的机遇

继胜任力培养项目后，我们看到了京东飞驰前行中更具挑战性的前景，在"零售即服务 RaaS"的京东集团 12 年转型战略的驱动下，年轻的管理者们面临着更具挑战的未来。他们不仅需要胜任管理已有的体量庞大的团队、业务，同时需要洞察全局，以应对瞬息万变且模糊不定的内外部商业环境并迅速做出决策。在业务进入无人区的同时，管理者的能力发展目标也进入了"无同行参考、无前人借鉴"的境地，唯有"创新、洞察、自我驱动"等"元能力"的发展才可支撑这些管理者们走得更远、飞得更高。京东大学不仅要让管理梯队良性、有序地发展，同时还要为发展顶尖人才设计前瞻性培养方案。

因此，在经典领导力发展理论基础上，对领导力发展设计增加团队—个人、内部—外部（现在—未来）的新维度，全面定义管理人才培养模型，如图 4 所示。

为此，2017 年京东大学设计并启动了以融入京东

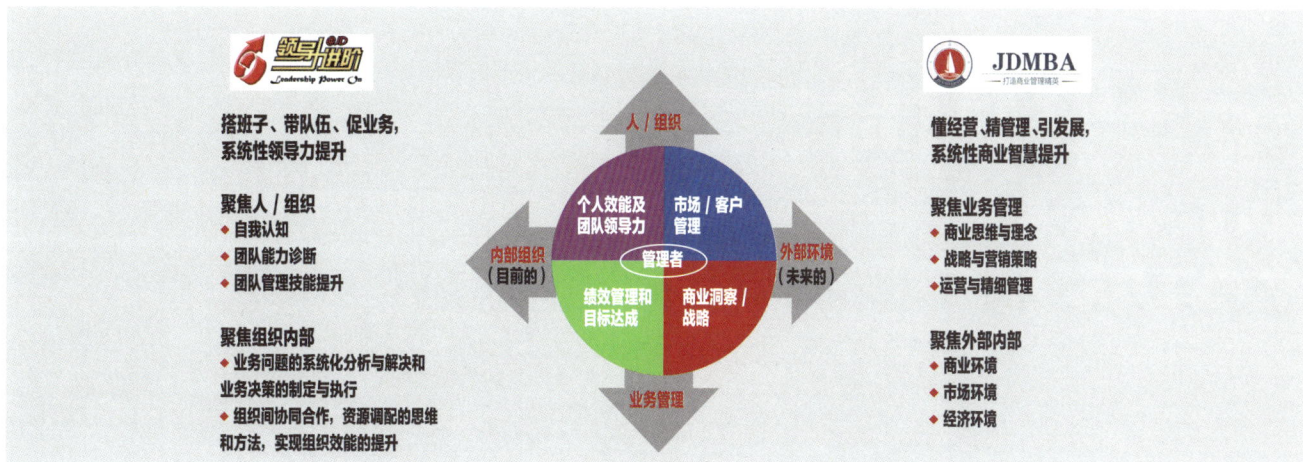

图4　JDMBA

特色商业智慧，系统性打造"懂经营，精管理"的"商业管理精英"为培养目标的 JDMBA 项目。将目标学员定位于培养集团各体系一层机构负责人及其继任者。同时，包含京东集团业务体系范围内，战略合作伙伴的高层管理者，实现对外赋能，共同成长。商者无域，相融共生。

行动学习紧扣京东战略落地十大业务主题

学员依据被分配的课题，以学习小组为单位，在行业知名专家顾问的辅导下，从**战略选择、市场营销、组织发展**三大步骤提出实际商业建议和方案，汇报结果将作为学员毕业考核成绩。

JDMBA 项目突破传统的三大特色

整合各院校及行业顶尖资源，博采众长

对标国内外一流商学院 MBA program（项目），与**清华大学、中欧商学院、长江商学院、剑桥大学、哥伦比亚大学**等多家院校合作，精选其最具优势课程和最佳口碑教授。

多维度混合式学习路径

在为期 18 个月项目周期中（周末研修），围绕"管理与经济、战略与市场、组织与发展"**三大主题设置必修课和选修课。**京东 20 余名 CXO（代表一种特定职务）及 VP 级管理者作为学员一对一线下学习导师，定期辅导沟通；另有大咖讲座、跨界交流等辅助学习、开拓视野、提升格局。

2018 年，京东大学的领导力体系将基于业务及组织挑战，将固化的管理核心能力，形成积木化产品，定制化满足各事业部管理者定制化培养需求。同时，将利用多样化手段，通过内部学习平台——京英，生产混合式学习内容，探索前沿学习形式，针对管理者特质进行学习内容推送，培养自主学习习惯，实现学习型组织。

未来的京东大学，将通过对学习内容的系统化构建和模块化拆解，对制度流程的梳理及"以学员为中心"的学习平台的建设，不断突破、持续创新，探索以"人—课—场"为核心的无界学习模式，助力员工事业发展，成就京东基业常青，赋能社会价值共创。

宝马中国，以激情

BMW CHINA

召唤未来

—— 宝马中国的
雇主品牌建设

赵　岐｜BMW 中国人力资源副总裁
魏佳音｜BMW 中国人力资源高级经理

宝马是一个品牌文化很强的企业。每个员工从公司品牌学院的课程里都会学习到宝马对品牌的定义：品牌就是客户头脑中的独特认知。

这个定义包含了三个层面的含义：

第一，客户。我们需要知道目标客户群体是谁、他们的期望是什么。

第二，独特性。我们需要明确宝马区别于其他竞争对手的独特价值。

第三，认知。我们需要考虑如何把独特价值传递给客户，使其形成认知。

根据这个定义，对于雇主品牌，我们也尝试从以上三个方面进行思考：

❶ 到底谁是我们的目标"客户"？内部、外部潜在的人才到底该如何画像？

❷ 作为雇主品牌，宝马具有"独特性"的定位是什么？我们区别于其他雇主的竞争优势是什么？

❸ 我们应如何把雇主品牌有效地传递给目标人群，促使他们形成良性"认知"，从而保留现有人才、吸引潜在的人才？

想要在实践中按照这样的方法论来开发和建设宝马的雇主品牌，一次性的炒作显然是不可取的，只有一个长期、持续和系统的 EVP（Employee Value Proposition，员工价值主张）工程才是解决之道。

早在 2011 年，宝马中国决定着手打造独树一帜的雇主品牌时，人力资源部就联合公关部、市场部制订了 2012—2017 年的路线规划图，主要分为两个阶段，每个阶段又分成三个步骤。第一阶段是决定 What（什么），即确定我们的雇主品牌定位及内容，这里包括定位目标人群和定义我们的独特价值；第二阶段是决定 How，即如何传播这些信息，用什么方式把这些独特价值传递给我们的目标人群，也就是我们的沟通战略。每个阶段都包括概念的设计，具体行动计划和最终的执行。

有了清晰的方法论和路线图，当然还需要让人印象深刻的概念和内容。为明确宝马中国雇主品牌的核心，我们进行了多轮的深入研讨，最终提炼出一个简单、有力且准确的主张——"激情"。

激情，存在于宝马的品牌和产品的发展与成功的历程之中，传承于相互激励与饱含热情的宝马人心中，根植于宝马"欣赏与合作"的文化内涵之中。

在确定"激情"作为宝马中国 EVP 的核心价值之后，我们在第一阶段跟大家讲的是"我们的激情故事"，挖掘"激情"是如何在宝马中国的每一个业务单元，不同工作岗位，甚至在每一个员工身上体现的；第二个阶段我们开始谈宝马不仅是一个员工"释放激情"的舞台，更是员工能够不断"给激情充电"的平台；到了第三阶段，我们就要"给激情加冕"，感谢员工。

当然，光有概念不足以支撑起雇主品牌的建设。在 2013—2016 年，结合公司的业务发展，人力资源部为员工和潜在候选人打造了一系列项目来提升雇主品牌形象。对内，公司充分利用与员工相关的活动机会来强化想要传递的信息，得到员工的充分认同，使他们成为公司雇主品牌的形象大使和代言人；对外，宝马注重渠道的连通和共享，将拥有的各种媒体资源更大范围地连接起来，从而提升公司在潜在候选人心中的形象和地位。

2014 年，结合宝马集团全球发布电动车 i3、i8 的时机，宝马中国的 EVP 新主张"给激情充电"不但呼应了公司业务发展的主题，也切实体现在了很多具体项目的实施和落地上，比如成立宝马学院助力员工能力持续发展、宝马在华企业进行全面人才盘点和继任者计划、建立员工健康管理中心、设立 BMW 诊所等。此外，我们将当年的大型员工活动和公司的业务活动相结合，在宝马年度品牌活动现场一起点亮鸟巢和水立方，迎来了新的电动时代，再次点题"给激情充电"。

2016 年正逢宝马百年华诞，为了感谢员工的陪伴和贡献，宝马推出 EVP "感谢有你，激情共进"的主题，并举办了一系列活动来提高员工的归属感，包括用全新的宝马 7 系送员工回家、公司吉祥物宝马熊给员工递送感谢卡、试行弹性工作制、邀请员工和家属一起参加宝马未来展的中国站、专门举办宝马百年的员工庆典等。

在完成了雇主品牌建设三个阶段的五年计划后，宝马中国启动了对雇主品牌工作的阶段性总结和评估。由于市场上鲜有针对雇主品牌建设效果

进行评估的实践，宝马设立了一套自己的评价体系。该体系主要从四个方面对雇主品牌进行评估：第一是市场指标，主要是看我们定义的目标人群并对其需求进行分析；第二是传播指标，关注传播渠道的有效性，例如搜索量、职位数、文章的点击量等；第三是品牌指标，主要与公司的知名度、美誉度、吸引力、品牌独特性挂钩；第四是效能指标，考察 EVP 对招聘效率和质量以及员工敬业度提升的帮助。

对过去进行评估，是为了更好地创造未来。数字化时代的到来对宝马、对整个汽车行业都可能具有颠覆性。宝马在集团全新"第一战略"指引下，正朝着成为一家科技公司的方向转型。宝马把未来出行概括为四个词语：自动化、电动化、互联化、共享化（服务化），使人们未来的出行能变得更加便捷、安全、绿色，从而更加人性化。

数字化技术的发展意味着雇主品牌传播在内容和形式上都要进行创新。2017 年，宝马中国在上海的

BMW 品牌和驾驶体验中心举办了一次"宝马技术论坛"，不但邀请了我们特别关注的新技能人才，如人工智能、机器人等相关专业的大学生和研究生参加，同时也首次尝试了运用新媒体手段进行传播，邀请符合我们定位的学霸兼网红进行线上直播，将一个线下只能容纳 80 人的现场活动，转化成了线上 5 万人实时关注、近 20 万名学生观看回放的论坛，起到了很好的品牌传播效果。

与此同期，宝马中国也启动了 EVP NEXT（进阶员工价值主张）计划，将"创新"作为下一阶段雇主品牌发展的核心。在数字化时代，宝马中国仍将博观而约取，厚积而薄发，不断地学习、创新，探索适合自己的雇主品牌建设之道。我们坚信，一事之行，即一世之道，在雇主品牌建设上的每一个点滴，终会汇集成为最振奋人心的力量。未来，正如宝马在百年庆典时所提出的"一路有你，激情共进"，每一位宝马人，仍将以激情召唤未来！

**Benchmarking
Enterprises**

7 标杆企业

海康威视
海尔
英孚

HIKVISION
HAIER
EF

戴一 ｜ 特约撰稿
周培 ｜ 本刊记者
李晗 ｜ 本刊记者

HIKVISION

海康威视，

人才是企业发展的持续动力

戴一 | 特约撰稿

成立于 2001 年的海康威视，已经连续 6 年（2011—2016 年）蝉联 IHS（美国权威市场调查机构）全球视频监控市场占有率第 1 名，连年入选《安全自动化》（A&S）公布的"全球安防 50 强"榜单，2016 年位列全球第 1 位。

创立至今，17 年间，海康威视已经从最初的 28 人创业团队成长为在全球拥有 2 万多名员工的上市公司，市值突破 3000 亿元，长期位居中小板市值前 3 位。作为一家坚持技术创新的技术型公司，人才发展、企业管理能力与组织发展速度的同步提升是支撑海康威视快速成长的重要动因。

2017 年，海康威视入选智联招聘所评"中国年度最佳雇主 30 强"榜单。近日，《哈佛商业评论（中文版）》专访组走进海康威视，与相关负责人就组织发展、人才激励与发展等话题进行了深入交流；海康威视人力资源部招聘与配置部经理李丹、组织发展部经理张华飞、培训与发展部经理王燕东一起为采访组做了详细介绍。

注重人才选拔，打造人才供应链

在过去的 17 年中，海康威视保持了快速增长，2010 年上市以来，年复合增长率达 43.9%，员工数量更在 17 年间增长了 700 多倍。目前，海康威视在中国有 35 个销售分公司，境外有 33 家分支机构。

由于人员规模在短时间内呈指数级增长，新的管理岗位不断增加。要管理和驾驭好快速成长和发展的企业，让企业管理能力与发展速度同步，这对公司治理提出了很大挑战。总裁胡扬忠对管理人员提出的要求是"既要产粮也要养地"，强调短期与长期发展的平衡。对人力资源团队的要求是从漫灌改为滴灌，HR 要能在一群人中找出适合未来的优秀苗子，给予快速发展的机会，体现人才的价值。

海康威视致力于打造能够满足业务健康发展的人才梯队，更好地挖掘和发现适合未来的人才，保持人才的可持续性，一直不断尝试着能够帮助组织快速成长的方法。李丹表示，公司遵循一流人才是选出来的而不是培养出来的原则。海康威视相信，招聘一个对的人，要比招聘一个不太对的人，再不断去培养，花的力气更少。2017 年，海康威视引进的技术、营销等各类专业人才接近 10000 人，其中校园人才近 3000 人。通过校园人才"超新星计划"、软件精英与营销精英系列挑战赛、校企俱乐部建设、企业开放日等一系列活动，与学生深入互动，进一步强化雇主品牌影响力。

保证人才选拔的科学性是落实好这一原则的首要任务。从 2012 年开始，海康威视与多家咨询与人才测评机构合作，由公司人力资源部门主导开发设立了海康威视人才评鉴中心。由业务专家和多位专职评鉴师组成人才评鉴的双专家团队，根据公司的战略和业务需要，制定出相应的人才标准，从认知复杂度、领导力与影响力、动机和意愿等角度对一个人最本质、最核心的能力进行评鉴。

能力是一名员工能否通过选拔、成为后备人才的首要标准。评鉴中心识别出后备人才后，公司会开辟人才发展和晋升的快速通道。海康威视实施这项制度以来，优秀人才能够更快走到重要岗位上，人才储备不断增强，人才梯队更加合理。

海康威视也为员工提供职业发展双通道，除了管理路线外，公司为专业型、技术型人才提供了技术专业通道。值得一提的是，海康威视根据公司的战略发展方向，对岗位进行具体描述，包括需要哪些能力和素质等，员工可以更有针对性地做职业发展规划。

从数字化、网络化再到智能化，海康威视的战略转型对人才的素质与能力提出了新的挑战。王燕东说，近年来，为应对这一挑战，海康威视逐步构建了完整的人才培训体系，形成三级培训模式。有针对新入职员工的"新人训练营"，这里游戏化的项目设计，让新员工的体验感与参训积极性大幅度提升，帮助新员工快速了解公司并融入公司；有针对技术、营销等领域的专业知识拓展培训，通过现场模拟演练等方式，学员得以更高效地掌握知识和技能；还有

针对中高层的飞鹰和翱翔领导力培训。

培训课程的设计与开发遵循两大原则：科学分级；以实践为导向。"摆渡人"是海康威视内训师队伍，他们承担了大部分内训工作。他们同样也是内部业务专家，会从工作中的实际问题出发，进行案例与课程开发。

与此同时，海康威视也在积极推进知识管理平台的建设，公司将原有E-learning平台优化升级为学习管理平台（Learning Management System，LMS）。通过建立面向全球员工的LMS平台，可以实现海外分支机构与国际化人才的能力提升，该平台的运营建设，大大提高了内部培训的效率。

创新激励模式，提升激励成效

机制创新一直存在于海康威视的基因之中。2017年11月，在《哈佛商业评论（中文版）》发布的中国百佳CEO榜单上，海康威视总裁胡扬忠排名第五。当被问及海康威视在创新过程中的最大挑战时，胡扬忠说："最大的挑战是员工是否持续保持激情。公司比较小的时候，员工都有工作的激情，但当公司大了，员工的工作激情是否消退了？这是最大的挑战。所以我们也在尝试推进一些持续激励的手段。"

在胡扬忠所提到的持续激励中，内部创新创业也是海康威视最重要的战略之一，这也反映出海康威视对于人才的高度重视。张华飞表示，为了能让员工分享到公司发展的成果，激励核心员工，公司经过长期的努力和争取，最终实现了机制创新的又一突破。2016年，海康威视正式启动员工内部创新创业的机制，以萤石网络、汽车电子、机器人、海康微影为代表的四大创新业务板块稳步开展。目前，各个新业务板块都已经不断有良好的市场开拓。

公司和员工以6:4的股权共组新业务子公司，公司与员工分享利益，共担风险。该项目覆盖了高级管理人员、中层管理人员、基层管理人员、核心技术和骨干员工。目前，员工内部创新创业计划已经实施一年多，发展态势良好，部分业务已实现盈利，激励效果初显。张华飞提到，尽管创新业务风险大，但员工的参与积极性很高，这既表达了员工有继续在公司奋斗的意愿，又体现出他们看好新业务的发展前景，实施这一政策是双赢的。

深化价值观影响力，提升员工敬业度

在招聘人才时，海康威视会基于公司文化价值观进行考察，在面试中甄

别候选人的自身价值观和职业规划，选择与公司价值观相对匹配的候选人。彼得·德鲁克说过，如果组织的价值体系不为员工接受，或者跟其价值体系有冲突，员工在组织里就会备感挫折，难有作为。海康威视深谙此道，公司相信员工与海康威视的价值观匹配度越高，员工的敬业度就越高，公司内部的沟通成本更低，内部损耗也会更少。

在海康威视的价值观中，有一条是"诚信务实"。诚信是海康威视最看重的应聘者素质，也是公司员工不能触碰的底线，不论员工能力与级别，对存在虚假行为的员工一律零容忍。

务实是海康威视一直以来的行事作风。胡扬忠表示："海康是一家非常务实的公司，要脚踏实地解决问题。作为CEO，我也把最多的时间花在'田间地头'上。"在海康威视，关注客户需求、做好项目的保障工作是重中之重。海康威视在媒体上鲜有噱头式的宣传，也很少能见到胡扬忠等公司高管接受媒体采访。他们更愿意所有人都尽可能地把精力用到技术和解决客户需求上去。所以，在招聘中，海康威视也倾向于选用脚踏实地做事、不断寻求挑战与突破，并能与公司并肩成长的候选人。

从前期招聘，到后续的培训和绩效考核，海康威视对文化价值观的强调贯穿始终。公司通过企业文化课程等形式传播公司的文化价值观，总裁胡扬忠也会亲自授课。在"新人训练营"培训项目中，普通员工通过学习员工手册、参加企业课程培训、执行日常行为规范等方式理解和学习企业价值观。对于中高层管理人员，公司提出了更高的要求：中层干部要做文化价值观的宣导者，把企业文化融入在业务指导中；高层管理人员要做文化价值观的塑造者，在思想上塑造企业文化，在工作中起到表率作用。下一步，海康威视计划把价值观的考核纳入绩效考评中，让每位员工都能更了解公司所倡导的行为。

坚持价值为本，让年轻人成为创新推动主力

从数字化、网络化到智能化，海康威视的每一次战略转型都能踏准行业技术更新规律，胡扬忠的方法是提前布局，2006年海康威视就开始研究智能算法。对于以前沿技术为核心的海康威视来说，年轻人才无疑是其持续创新的巨大推动力，海康威视员工的平均年龄约28岁。

年轻人普遍有新鲜的想法，而海康威视正处于快速成长阶段，公司给年轻员工提供了很多机会去尝试自己的新想法，同时也给他们提供了宽松的氛围，包容试错，鼓励创新。随着海康威视业务的拓展，会出现很多超出公司现有经验范围、需要自我挑战的工作任务。在这种背景下，员工必须不断更新自己的知识体系，颠覆原来的思维和认知，而这也是年轻人的优势所在。

在海康威视，年轻人并不是与单纯地展现个性划等号，而是在随着公司业务的发展，追求自身成长的同时，刻下了海康威视务实与奋斗的文化烙印。公司能够吸引年轻人的最重要的一点，就是鼓励年轻人用活跃的思维去探索技术、去理解客户的需求，并把基于客户需求的产品、方案和服务更丰富地呈现出来，在实现客户价值的同时，实现组织和自我的价值。

在海康威视，年轻人做事情不会被局限于固有的模式或框架，公司鼓励员工将年轻人的思维与公司发展相结合，做延伸和突破。

胡扬忠说，"价值为本"是海康威视企业文化之一，海康威视作为股权结构多元的上市公司，高度市场化运营，其对员工的评价，以能否创造价值作为依据。不管是刚毕业的应届生还是在公司待了十几年的老员工，只要员工有能力做好事情，公司就会给晋升机会和相应的回报激励。在海康威视，有很多年轻人通过内部公开竞聘，担任了国内或海外分公司总经理，行业、事业部总经理等重要岗位的职责。

作为一个快速发展的平台，海康威视给年轻人提供施展才华的机会，同时强调务实的工作氛围，让每个人都将把事情做好作为首要出发点，这就是海康威视最有人才号召力的地方。为了让年轻员工在创新突破时没有后顾之忧，公司内部创造了允许试错的氛围，只要员工有能力、有意愿去做事，公司都愿意提供机会。

海康威视的发展速度很快，一直处于行业领先地位，而随之而来的挑战则是人才能力的提高。海康威视多管齐下，如提升招聘质量、寻找可复制可推广的方法、强化内部培养与经验分享，尽可能地帮助人才快速成长，使组织能力快速提升。

Haier

海尔，

用自我变革驱动传统基因蜕变

周培 | 本刊记者

随着移动互联网的普及，生活品质的提升和消费升级等趋势来袭，商业环境面临着从技术冲击到市场颠覆的双重洗礼，作为老牌的制造型企业，海尔这艘大船在时代浪潮的洪流中，虽然乘风破浪稳稳前行，但以首席执行官张瑞敏为核心的高管团队们却想在走稳的基础上走得更快，如何在日新月异的商业环境中找到属于自己的航道，换掉传统的血液和基因是他们不停探索的课题，最后，他们决定先革自己的命。

为此，我们采访了海尔集团全球人才吸引平台总监李文佳，与她一起走进海尔，搜寻传统制造企业向智能智造企业转变的心路历程。

消失的人力资源部

接受采访时，李文佳已在海尔度过了 13 个年头。作为一名资深的海尔人，她依然能感受到海尔在每一个阶段的快速变化。美国企业史学家钱德勒曾说过，企业成长取决于两个变量：战略和组织。战略服从时代，组织服从战略。这也正是海尔首席执行官张

瑞敏的观点，他认为"没有成功的企业，只有时代的企业"。海尔选择了以变治变，主动拥抱时代的变化。

互联网让世界上任意两点的信息迅即传递成为可能，"跨界联动、交互协同"的管理理念已经成为社会的共识。海尔现在的战略目标是转型成为一个平台化的组织，建立物联网生态圈。

传统的人力资源管理模式已经难以匹配平台化的人力资源思路，李文佳介绍道，2013 年被称为中国移动互联网爆发元年，海尔在 2012 年就进入到网络化战略阶段。她认为，未来海尔将致力于成为一个平台化的公司，打破组织的边界，内外部资源形成灵活的交互从而演变为一个产业生态。

有人形象地把这次变革称为继 30 年前张瑞敏"砸冰箱"之后的"砸组织"。

从表面上看，海尔的人力资源部在消失，因为这个部门没有了明确的人岗和界限，但实际上，海尔的人力资源生态在逐渐形成，就像海尔一直在提倡的——世界是我们的人力资源部。在平台化战略的指导下，海尔致力于把全世界的人力资源整合到一个平台上，并呈现出开放的形态去持续吸引资源的加入，并为生态内的创业公司提供人力资源服务及管理规范化指导，从而实现跨界互通及多边共赢。从具体操作来看，**李文佳介绍道："我们会结合集团战略及小微需求制定大的指引制度和基础流程并不断迭代，在这个指引框架下小微根据个性化需求进行标准的细化，从而保证管理上**

的活而不乱，同时我们还会为个性化需求提供定制化的服务，从而为小微进行赋能。"

李文佳提到的小微就是海尔在"人单合一"模式下，打破部门概念，根据用户需求，在海尔集团内部形成的一个个"自创业、自组织、自驱动"的创业小微。数据显示，截至2017年8月，海尔平台上200多个小微公司中，超过100个年营业收入过亿元。其中，5个小微估值超过5亿元，2个估值超过20亿元。

在海尔看来，这些小微通常不具备成熟的经营管理和规章制度，且在人才储备上存在困境，海尔的平台化人力资源生态就可以很好地辅助他们建立成熟规范的运营模式，并不断地通过平台汇集人才输送到这些企业中。通过普及"用户付薪"的概念激

发员工的潜力与激情，鼓励员工创业创新，员工与企业收益共享，风险共担，实现人人创客。从而达到共创、共享、共赢的愿景。

此外，海尔人力资源管理部门还通过建立承接战略的 HR 大数据增值服务系统，提高运营效率，为小微的决策提供数据支持，并通过创新二维点阵、共赢增值表等管理工具，最大限度激发人的创新活力。

目前，海尔的人力资源部已经孵化成一个开放的、以用户为中心的产业生态服务平台，从服务海尔本身演变到赋能整个产业生态。

赋权赋能，人人都是 CEO

康德说，人是目的，不是工具，但是传统的企业还是把人当作工具，而不是当作目的。时代的发展要求我

们改变这种把人当作工具的思路。正如管理大师德鲁克所说，21世纪的企业的目标是让每个人成为自己的CEO。

海尔沿袭着先人的智慧和哲学。自1984年创业以来，海尔集团始终秉承"企业即人，人即企业"的管理理念，通过激发每个员工的"创业、创新"精神，实现企业与员工的双赢，让每个人都成为自己的CEO。

李文佳表示，对于张瑞敏首席提出的"企业即人"的概念，她有自己的理解。优质的产品是由具体的人去制造的，先进的管理模式也是由具体的人去创造和实践的。企业运营的每一个环节，每个重要的位置都离不开人的参与。以人为本就是海尔始终坚持的基本原则。

著名的"人单合一"管理模式就是诞生于这样的管理理念。其本质是让每一个人都发挥他自己的价值。对应到企业，即将企业的决策权、用人权和薪酬权还给员工。

李文佳介绍，海尔当前的人力资源管理机制之一就是"创客所有制"，"创客所有制"立足于海尔应用"人单合一"模式进行的组织改造，是一种用户付薪机制。如果小微创造了用户价值，就可以得到相应的薪酬；否则就得不到。用这样的理念驱动企业中的每一个员工拥有创业精神，丢掉传统的大锅饭模式，用每一个员工为企业贡献的价值来衡量他的价值，从而匹配相应的薪酬和激励政策。这种价值实现能更大程度激发员工自身的

工作积极性和创造力，也能让员工在企业中快速地成长并走向成功，实现"人人都是自己的 CEO"。

敢为人先的行动通常都伴随着世俗的非议，海尔在搭建自己的人力资源互联网平台——"海尔创吧"的过程中也遭受了众多质疑，有人说它不务正业，也有内部员工持怀疑态度。但经过几年的努力，平台通过用户验证了其价值，截至 2017 年 12 月，"海尔创吧"并联全网人才资源，建立了千万级人才库，并助力小微人才将吸引效率提升 30%。

用李文佳的话说，"海尔创吧"项目其实是海尔在人力资源领域探索自己的第二曲线。

创业创新，骨子里携带的精神特质

李文佳认为，海尔的强执行力和凝聚力，很大程度上取决于企业文化的建设和渗透。贯穿海尔的价值观就是"创业创新"的双创精神。张瑞敏带领海尔从一个欠债 100 多万元的一个冰箱厂奋斗到现在就是凭借这样的精神，未来将继续发扬光大。

基于这样的价值观，海尔在员工选拔的过程中，也致力于吸引同类，需要那些与海尔一起创业的人。在留人方面，海尔为这些携带双创基因的人才提供了适合他们的土壤，开放式的平台化资源给了员工充分的成长和晋升空间，员工在这里可以充分自由的竞争，甚至基于公司的平台和资源进行内部创业，通过自我的价值实现去推动公司的发展。

每一个拥有"创业创新"精神的员工都像是一部部灵感和激情的发动机，海尔赋予他们的强大内驱力就像机器的原动力。2016 年爆发的新一轮 AI 热潮将会让这一切运营得更加高效。在 AI 时代，海尔也刷新了企业的目标，就是建立开放的人才池，提升人单匹配的效率。为了实现这一目标，海尔已经凭借 AI 的赋能有了初步的探索。目前，海尔生态中的小微可以进行全网的职位发布，简历回收。同时，海尔通过不断优化平台上的产品功能，**致力于实现企业与人才的精准匹配，提升人单匹配效率；为了提高人才的黏性，这个平台上还有为小微提供制订个性化雇主品牌建设方案，以便更好地吸引候选人加入海尔共同创业。** 小微企业还可以依托平台上的数据了解自己的人才吸引周期、成本、渠道情况，从而对自身的经营状况一目了然，快速地进行自我诊断并决策。

AI 时代，人力资源管理不只是被赋能，还面对着诸多挑战。借助大数据和智能技术，公司内部组织边界、外部生态伙伴边界都在变得更有弹性，组织运行更加高效和灵活。组织的边界越来越模糊甚至消失，智能技术还让灵活就业成为可能，雇用合同对员工的约束力在减小，以斜杠青年（拥有多重职业和身份的多元生活的人群）为主的就业时代正在拉开序幕。面对这样的挑战，海尔依然选择了以变治变，拥抱变化，让挑战变成对自身有利的因素。**李文佳介绍道："因为海尔是按单聚散，就和原来的定岗定**

编定位定薪完全不一样了，按照单的价值聚人，单完成以后，团队就可以迅速再聚集到其他更高的单上面，就把以前相对封闭和固定的组织变成了完全开放的组织和动态优化的组织。" 听起来很像微信"用完即走"的原理，微信用这样的手段在功能和运营上做减法，节省用户的精力。海尔的"按单聚散"也是一种人力资源管理上的减法机制，这不仅能降低人力资源成本，还能提高资源利用效率，避免了人力资源的浪费。李文佳认为"按单聚散"将成为未来的一个主流的趋势，人力资源都是按照一个目标或者是以一个项目聚合在一起，雇用关系在未来很可能被颠覆。

面对这样的颠覆性挑战，HR 自身也要迭代技能和提升自身素质，针对每一位在企业人力资源部工作的 HR，李文佳也给出了一些职业发展建议："智能时代要求 HR 的视野要更加开阔了，思维方式要与时俱进，个人技能要随之迭代更新，更多的应该是资源整合，营销，甚至说是产品及运营的综合技能。"

在智能技术的颠覆下，每家传统型企业都面临了基因迭代的困境，海尔的转型之路也让更多企业看到了希望和信心，对于那些同样在路上的伙伴，李文佳建议传统企业改变大锅饭模式，借鉴海尔的人单合一及小微生态模式，把创业创新的基因注入血液中，针对自身的个性化情况，建立一个能驱动大家将工作当作事业去做得更好的机制。

EF
英孚,

用文化凝聚同一个梦想

李晗 | 本刊记者

谈英孚的企业文化，或许我们可以从她的创始人——伯提·霍特（Bertil Hult）的成长经历开始。

1941年，一名叫伯提·霍特的小男孩在瑞典的一个普通家庭出生了。一个新生命的到来，犹如上帝最好的礼物，给这个家庭增添了喜悦和温馨。但是很快，霍特开始面对人生中的第一个难题——他被诊断出患有阅读障碍症，无法像同龄人一样正常读写。因此，从小就被叫作"笨孩子"的他，上学的经历充满坎坷，他甚至不打算再上高中，更别说能想到日后会创立英孚教育。

15岁时，霍特在瑞典的一家银行谋到了一份"信使男孩"的工作，主要工作内容就是向各个办公室发送信件和内部通知等。工作一年后，银行的一位经理找到他，告诉他如果想改变现状，他需要去学习英语。就这样，霍特被派去了伦敦工作，置身英语环境，霍特迅速掌握了这门语言，他发现通过正确的沟通，能够克服自身障碍找回自信心。这让他备感欣慰并重拾学习兴趣，还考上了大学。22岁时，霍特在一次旅行中偶然听说，有人在假期带领瑞典的学生去法国学习语言和游玩，学生们既能在异国他乡增长见识，同时还学习了语言。"这种游学的方式太好了，或许我可以让更多人来感受运用语言良好沟通的魅力！"这个点子就像闪电一般击中了霍特。1965年，"英孚教育"诞生了。

"教育和商业是两件不同的事情。作为一个创业者，其实可以在任何一个领域去创建自己的商业帝国，不管是航空还是旅游或者其他。但是我选择了教育这个行业来开创我的事业，因为我认为教育是利他的行业，是一切美好的源泉，如果没有教育的话很多事情都无法繁荣。而我本身也正是因为教育而改变，我非常感恩，也希望能为更多人带来这种改变。"

在一次采访中，霍特隔着半个

世纪回忆了他的创业初衷。

或许正是因为创始人霍特这种感恩、利他的创业初衷在日后的经营中不断发酵与深化，最终塑造出英孚教育谦虚、包容而又积极向上的企业文化。英孚视每一位员工和学员如家人、伙伴，走到一起的目的就是为了互相激发，共同成长。

气质相投的"英孚人"

要成为一个"英孚人"，可以说既容易也不容易。英孚用人，不重外在，但却特别看重一个人的精神涵养中有没有"英孚气质"。具体而言，就是应聘者首先应当具有与英孚相同的价值观念和文化属性，能与英孚的企业精神相融合。

什么是英孚教育的核心价值观？英孚对员工精神、价值观的要求广泛而具体，包括谦虚包容、品质与创新、诚信与诚实、万事皆有可能的进取精神等，但是最为核心的，却是企业家精神。英孚有一个招聘口号：在你20岁的时候，你可以做一般公司30岁的人才能做的事；在你30岁的时候，你可以做一般公司40岁的人才能做的事。在这样一个国际化的工作环境中，英孚倡导员工不被传统束缚，带着创造性思维去做事，不仅是为了拿一份工资而来，而是愿意承担责任，把公司当成自己的，去解决问题和发展事业，最终实现个人与企业的双赢。

正因为推崇企业家精神，英孚对员工犯错误的容忍度相对高很多。企业家精神鼓励进取与创新，同时也包容犯错与失败。英孚能够在五十多年里发展成为全球性的大公司，原因之一就是他们不怕犯错误。任何事情，勇敢迅速去做，犯了错误后及时改正，再尝试用更新的方法解决问题，这是他们过去五十年来在全球不断制胜的法宝，也成为英孚宝贵的精神财富。

英孚教育全球联席CEO（首席执行官）菲利普·霍特（Philip Hult）说过这样一句话："英孚是服务型企业，公司的发展靠的就是人，所以我们永远要招比自己更优秀的人。"只有经理人在企业里充分自信并感到安全，他们才能招到比自己更优秀的人，招到与自己有相同态度、价值观吻合的人才。汇集有同类"文化基因"的人，公司才能不断地发展壮大，否则就会成为"俄罗斯套娃"，一个套一个，一个比一个小。

1999年，现任英孚教育亚洲执行副总裁徐庆菁女士。那时刚刚从中欧国际工商学院毕业，在朋友的推荐下，她带着些许疑惑来到这个"在中国从来没听过"的瑞典公司面试。一杯茶的面试时间，她就做了一个影响一生的重要决定——加入英孚。

"英孚的诚意、愿景以及他们对我的信任深深地打动了我。当时总裁对我说：'英孚现在虽然很小，但是英孚的使命是打破人与人之间的文化地域障碍，用教育消除世界的界限，英孚现在中国只有一所学校，但是英孚期望在5年里开到100所，帮助更多的中国人学习语言，自信地与世界沟通，英孚需要一起开创未来的珍贵伙伴。'这个愿景非常地打动我，或许我骨子里就有企业家精神并愿意去承担责任，与英孚文化不谋而合。我在英孚工作的18年时间里，中间是离开过两次的，但是最终还是回到了英孚，因为我的内心真正地认同英孚的文化，喜欢这里的人，他们自信、积极、

有担当，同时谦虚而包容。"

跨文化的管理与建设，求同存异

英孚在全球五大洲40余国拥有4万多名员工，特别是在业务迅猛发展的中国，拥有来自全球43个国家的1.2万名员工，跨文化、跨区域的人才融合对英孚的企业文化建设是不小的挑战。

曾经有英孚北方某连锁学校的校长打电话到总部："我天天带着外教老师吃饭或是陪他们到酒吧，无微不至地照顾，但他们还是不满意。"而学校的外教也给总部打电话："我们的校长人很好，但他天天带我们去吃饭，我们都没有自己的时间和空间了……"

这只是跨文化沟通时可能出现的问题的一个缩影。不同国家、不同肤色、不同种族间的确存在着许多文化差异，但是只要是人，就有着相通的共性，比如"宽容慈悲""真诚待人""与人为善""换位思考"等美好品质在全人类的身上是一样的。我们往往过多强调人与人之间的差异，而忽略了人们身上的共性。英孚就牢牢地抓住了人类身上的共性，开展跨文化、跨种族的企业文化管理与建设。

英孚教育的核心办公区域采用了开放的座位设计，一进入就能看到所有的人，不论是职员还是高层管理者，都坐在同样的桌子前，没有层级之分。这种平等开放式的办公区域设计，让沟通变得直接、快速、高效，能够面谈的不打电话，能打电话的不书面沟

通。尽量减少沟通中产生的误解，是英孚化解文化差异的有效途径之一。而且，英孚在纽约、伦敦、中国香港等世界各地办公室的装修风格和家具基本一样，让身处其间的员工能够感受到英孚这个大家庭的一致。

文化的融合当然不只是在物质上体现，最重要还是心与心的交流。英孚的员工有一起庆祝中西方传统节日的习惯，也会尊重不同的宗教信仰，比如专门为穆斯林员工设置祈祷房间。在日常工作中，每周五每个办公室都有一个活动，大家可以端着咖啡或饮料到各个部门"串门"，跨部门沟通，建立起一种亲密自然的交流方式。彼此了解的多了，就没有什么隔阂不能化解。

教育行业的性质注定会吸引很多的女性来就业，英孚也不例外，公司的女性职员占据了70%的比例，为了让女性职员能安心工作，公司有相当弹性的工作时间，并设置了一些家庭房，欢迎她们带着孩子来工作场所，让孩子们能够看到父母工作的环境。

经营是水，文化是源。英孚自创立起，就深深植根于利他和融合的理想情怀中，用沟通和理解来化解文化隔阂，用尊重和关怀来消弥国别差异，以企业家精神凝聚和激励起来自世界各地的英孚人，推动着英孚不断向前，在50多年的发展历程中，将一条涓涓细流发展成遍及全球40多个国家的大江大海，帮助全球数以千万计的人们实现了"自信流利说英语"的梦想。在实现着自我的同时，也推动着世界的融合！